角田 陽一郎
YOICHIRO KAKUTA

JN216537

「好きなことだけやって生きていく」という提案

How To Live Only Doing What You Want To

アスコム

プロローグ

――才能に関係なく、誰でも「好きなこと」を仕事にして成功できる

僕はTBSに約20年間在籍し、『さんまのスーパーからくりTV』でディレクターに昇格、さらにチーフディレクターとして『中居正広の金曜日のスマたちへ』(『中居正広の金曜日のスマイルたちへ』)を立ち上げました。

ほかにも数々の番組を作ったり、本を書いたり、映画監督をしたりといろいろな経験をさせてもらい、明石家さんまさん、いとうせいこうさん、水道橋博士さん、ユースケ・サンタマリアさん、キングコングの西野亮廣さんなど、魅力的な方々から、たくさんの刺激を受けました。

そんな中、ふと疑問が湧いたのです。

なぜ彼らは魅力的なのか？　なぜ成功を手に入れることができたのか？

その疑問について僕なりに真剣に考え、一つの結論に達しました。

魅力的に見える人、成功している人の多くは「好きなことだけやって生きている」のです。


「そりゃ、彼らのように才能のある人は『好きなことだけ』やれるでしょ」と言う人もいるかもしれませんが、僕はそうは思いませんでした。

もちろん彼らに才能があるのは疑いようのないことですが、実は**「好きなことだけやって生きていく」ことは、やろうと思えば誰でもできます。**


彼らには共通しているところが多くあり、それを分析してみると、いくつかのコツが見えてきました。

それを丁寧に実践すれば、「好きなことだけやって生きていける」「後悔なく、楽しくおもしろい人生が送れるようになる」と僕は思うのです。
何より、僕自身がその**コツを実践したことで、「好きなことだけやって生きていける」ようになったのですから。**

―「好きなこと」を仕事にできる人と、できない人の差

いろいろな人たちと接する中で、好きなことを仕事にできている人、できていない人には、次のような決定的な違いがあることに気がつきました。

好きなことを仕事にできていない人は、「好きなこと」に縛られている人。
好きなことを仕事にできている人は、「好きなこと」を創造できる人。

「好きなことだけやって生きていく」と決心したとき、人はどうしても自分が抱いて

いる夢、希望している職種だけを「好きなこと」だと思いがちです。

たとえば、若いころは漫画家になりたいと思っていたけれど、途中で諦め、妻子を養いながら商社で20年働いている。

そんな人が仕事を辞め、「好きなこと」である漫画家を目指すのは、なかなか難しいのではないでしょうか。

また、就職や転職を考えるとき、そもそも「やりたい仕事が見つからない」と悩む人が多いそうです。

「何が本当に自分の好きなことか、わからない」「興味はあるけれど、やりきる自信がない」「夢を実現するなんて自分には無理」など、悩む理由はいろいろあるようですが、僕は、「やりたい仕事が見つからない」という人の多くは、今、自分が抱いている夢の中から「好きなこと」を見つけようとしているのではないかと思っています。

だからこそ、真剣に考えすぎてしまい、「本当に好きなのか？」と悩んだり、「実現できるかどうか、わからない」と自信をなくしたりするのではないでしょうか。

つまり、「好きなことだけやって生きていくことなんてできない」と思っている人も、「好きなことが見つからない」という人も、**「夢＝好きなこと」という考えに縛られすぎている**のです。

もちろん、夢を持つことを否定しているわけではありません。

よく「思い続ければ、やり続ければ、きっと夢は叶う」といわれますし、僕もそうであってほしいとは思います。

しかし実際には、夢を実現させる人だけでなく、頑張った末に夢破れる人もいます。

夢は必ず叶うとは限りません。

だからこそ、「今、自分が抱いている夢＝好きなこと」だけやって生きていくことに臆病になってしまったり、自信がなくなったりしてしまうのです。

そんな人は多いのではないでしょうか。

ですが、そもそも「夢」だけが「好きなこと」であると考えることに問題があります。

夢の実現が難しかったり、今、叶えたい夢がなかったりするなら、ほかの「好きなこと」をこれからつくればいい。

それが、「好きなことだけやって生きていく」ための最大のコツです。

世の中の事象、他人から得た情報、自分自身の失敗、つい「面倒くさい」と思ってしまうこと、そのすべてをとにかくおもしろがって好きになる。

そうやって**増えた「好きなこと」の中から、今できることをやっていけばいい**のです。

たとえば、「漫画が好きだから、20年勤めた商社を辞めて漫画家を目指す」のではなく、「日々の生活や、今働いている商社の仕事の中に、おもしろみを見つけて好きになる」。

つまり、「好きなこと」を創造するわけです。

実は、さんまさんや西野さんなど、魅力的な人の多くは、この「好きなこと」を創造する天才です。

さんまさんは、どんなテレビの企画でもおもしろがって、「好きなこと」にします。

彼は、あるラジオ番組で、「努力は報われる」と言った女性アイドルに対して「努力は報われる、と思う人はダメ。努力を努力だと思ってる人は、大体間違い。好きだからやってるだけよ、で終わっておいた方がいい」とコメントし、努力することよりも、好きになることの大切さを説いていました。

西野さんも、お笑い芸人からスタートし、絵本作家、最近は街づくりまで始めて、どんどん自分の「好きなこと」をつくり出しています。

いろいろなことをおもしろがることができて、**好きなことを創造できると、必然的に「好きなことだけやって生きていける」確率は高まっていきます。**

何せ、挑戦できる選択肢が増えるのですから。

今、自分の中にある「好きなこと」だけで生きていこうとするよりも、好きなことをたくさんつくり出した方が、よっぽど好きなことだけやって生きていけるようになるはずですし、実行に移したときのリスクも圧倒的に低いのです。

つまり、「好きなこと」を創造することこそが、「好きなことだけやって生きていく」ための、非常に現実的で、誰にでも実行可能な方法なのです。

「興味がないことは身につかない」という当たり前のことに気づく

「見た目はそんなに好みではなかったけれど、深く知ってみると、その人のことを好きになった」

そんな経験をしたことのある人は、少なくないはずです。

それと同様、「好きなこと」を創造するためには、いろいろなことに興味を持つことが大切です。

どんなことでも、知れば知るほどおもしろさがわかり、好きになる可能性が高まります。

まずは、簡単なことから始めてみましょう。

たとえば、電車の中吊り広告や人との会話の中に、気になった単語、知らなかったことがあったとき、普段ならなんとなくスルーしてしまうところをスマートフォンで検索してみるとか、話題の本、他人がおもしろいと言っている本があれば、おもしろいかどうかわからなくても、とりあえずアマゾンでポチって（購入して）みるとか。

このように、数分でできることから始め、**いろいろなことに興味を持つクセ**をつけてください。

それこそが、「好きなことだけやって生きていく」ための第一歩です。

そして、興味を持ったもの、「おもしろい」と思ったことを蓄えれば蓄えるほど、「好きなこと」は無限に創造できるようになります。

逆に、よく知りもしないのに、「これは自分には合わないな」「あまり興味が湧かないな」「つまらなそう」と先入観だけで遠ざけてしまうのは、「好きなことだけやって生きていく」可能性を狭めることであり、非常にもったいないことです。

もし今、あなたが「つまらない」と思っているものがあれば、一度考えてみてください。

あなたは、その「つまらないもの」と、きちんと向き合いましたか？
好きになる要素は、本当に一つもありませんか？
何らかの工夫をすれば、おもしろがることができませんか？
少しでもおもしろいと思える要素があったなら、その「つまらないもの」は、もしかしたらあなたの「好きなこと」に変わるかもしれません。

あなたの限界を打ち破れるのは、自分ではなく他人

あなたがいくら「おもしろい」「好き」と思ったことでも、いざ実行に移すとなると、一人でできること、創造できることは限られています。

また、自分一人で得られる知識にも限界があります。

人は会話の中から思いも寄らない情報を得たり、他人に相談したりすることによって、思いも寄らない発想を得るものだからです。

「できない」「うまくいかない」と一人で悩み続けていても、なかなか物事は前に進みません。

自分の限界を広げるなら、ほかの人の力を借りた方が圧倒的に簡単なのです。

ただ、他人の力を借りるためには、周りの人に、あなた自身や、あなたが「おもしろい」「好き」と思ったことに対し、興味を持ってもらわなければなりません。

そこで重要になってくるのが、物事の伝え方です。

あなたがどんなにおもしろいことを考えていても、あなた自身がどんなにおもしろい人間でも、**伝え方がうまくないと、興味を持ってもらうことができません。**

なお、伝え方があまりうまくない人は、発言することに臆病になりやすく、会議などでも黙ってしまいがちです。

黙っていると、相手には「何もしていない」ように見えてしまい、「仕事ができない人」という印象を持たれやすいといえます。

物事の伝え方には、ある程度コツがあります。

そのコツを知り、身につけるだけで、あなたや、あなたが話す内容に対する印象は大きく変わるはずです。

「好きなこと」を続けることで、後悔しない人生を手に入れる

この本を手に取っているということは、あなたは少なからず「好きなことだけやって生きていきたい」「後悔のない人生を送りたい」という思いを抱いているのではないでしょうか。

本書には、僕が今までに見てきた「好きなことだけやって生きている」人たちのノウハウ、そして僕なりのノウハウを詰め込んでいます。

好きなことだけやって生きていくのは、とても素敵なことです。

楽しく充実した毎日を過ごすことができますし、自然と周りに人が集まってきます。好きなことには自分から前向きに取り組めるので、知識も経験もどんどん身につきます。

また、物事をやり遂げたときの満足感や楽しさも、「やりたくない」ことをやっていたときとは、けた違いです。**その満足感は、食欲や物欲、あるいは性欲が満たされたときよりも、あなたを気持ちよくさせてくれる**はず。

まずは、これからお話しする内容に基づいて「好きなこと」を増やし、「好きなこと」を仕事にしてみてください。

そして、続けてみてください。

きっと今まで考えていたものとはまったく違う、素晴らしい未来が訪れるはずです。

結論はこれ！

好きなこと
だけをやる

才能や夢、「やりたいこと」がなくても、
今から「好きなこと」を増やし、
それをやればいい。

好きなことの
見つけ方

周囲のこと、他人の発言など、
何でも興味を持ち、おもしろがってみる。

つまり……、

どんなことでも
興味を持っておもしろがれば、
誰でも
「好きなことだけやって
生きていける」ようになる。

「好きなことだけやって生きていく」という提案　目次

第2章

「新しいアイデアは、必ず「好きなこと」の中から生まれる」

第3章
「伝え方一つで、「ダメ」なアイデアも「いい」アイデアに変わる」

第4章

「うまくいかないときにどうするか」が、好きなことをし続けられるかを決める

第 1 章

「好きなこと」を増やすだけで、あなたの人生は大きく変わる

01

「好きなことだけやって
生きていこう」と心に決める。
そこから、あなたの成長と
「成功の物語」が始まる

「好きなことだけやって生きていきましょう」

僕がそう言うと、「角田さんだから、そんなことが言えるんだよ」「そんなことができるのは、才能のある一握りの人だけでしょ」「会社が許してくれない」「そんなことができる環境にない」と返されることが、よくあります。

でも、彼らの話を聞いてみると、本当は「好きなことだけやって生きていけたらいい」と思っているにもかかわらず、ハナからできないと諦めていたり、それを実現するための工夫や努力を何もしていなかったりすることが少なくありません。

それは、とてももったいないことだと僕は思います。

自分から行動を起こさずに、「好きなことだけやって生きていける」ようになるのは、たしかに難しいでしょう。

素振りを一回もしたことがなく、バッターボックスに入ったこともない人に、ホームランを打つことはできません。

ですから、とにかく一度、「好きなことだけやって生きていく」ことに取り組んでみてください。

そうすれば、**誰でも「好きなことだけやって生きていく」ことができるようになります。**

才能や環境など、関係ありません。

そして僕は、ぜひみなさんに、仕事においても「好きなことだけやって生きていってほしい」と考えています。

「プライベートならともかく、仕事で好きなことだけやるなんて無理だ」と思う人もいるかもしれませんが、好きなことを仕事にすると次のようなメリットがあります。

好きなことをやっているので、仕事が楽しくなる。
仕事が楽しいので、前向きに取り組める。
前向きに取り組めるので、経験や知識が身につきやすい。
経験や知識が身につくので、いろいろなアイデアが浮かびやすい。
いろいろなアイデアが浮かぶので、仕事で成功しやすい。

成功体験こそが、人を大きく成長させます。
達成感、充実感が自信を養い、自信が行動力を生み出すので、成功までの時間は、より短くなっていくでしょう。

「好きなことだけやって生きていく」ことで人は成長でき、成功しやすくなるのです。

一生のうちの4分の1を楽しく過ごすか、つまらなく過ごすのか

労働基準法では、一週間に40時間の労働と、一年間に360時間の残業が認められています。

また、NHK放送文化研究所の「2015年国民生活時間調査」によると、日本人の通勤時間の平均は、一日約80分だそうです。

ベースとなる労働時間にそれらを加え、23歳から60歳まで働くと仮定すると、人は10万5906時間を仕事関係のことに費やしているといえます。

これは、人が一生のうちに活動できる総時間46万7200時間（一日8時間寝て、80歳まで生きるとした場合）の4分の1にあたります。

20歳から60歳までの、体力・精神力も充実した期間に限って言えば、実に約半分が

仕事関係の時間となります。

たった一度きりしかない人生のうち、それだけ**多くの時間を、好きなことをやって楽しく過ごすのか、好きなことをやらずに過ごすのか。**

決めるのは、あなた自身です。

この本を手にした時点で、あなたはもうすでに、「好きなことだけやって生きていく」人生に半歩踏み出しています。

できれば、「好きなことだけやって生きていこう」という強い気持ちを持って、もう半歩踏み出してみてください。

「好きなことだけやって生きていく」ための具体的なプロセスは、この本の中にすべて書かれています。

02

今、「好きなこと」があるか
どうかは関係ない。
まずは「好きなこと」を
増やすことに、全力を尽くす

ここで、質問です。

「あなたの好きなことは何ですか？」

「野球が好き」「料理が好き」「旅行が好き」「本を読むのが好き」など、何らかの答えが浮かんだ人は、その中に、今から仕事にできそうなことがどれだけあるか、考えてみてください。

仕事にできそうな「好きなこと」が一つまたは複数あったという方は、ぜひそのうちのどれかに挑戦してみましょう。

では、最初の質問に対し、何も答えが浮かばなかった人、仕事にできそうな「好きなこと」がなかった人は、どうすればよいでしょう。

「好きなことだけやって生きていく」ことを諦めなければならないのでしょうか。

もちろん、そんなことはありません。

今「好きなこと」がないなら、あるいは、今あなたの心にある「好きなこと」を仕事にするのが難しいなら、「好きなこと」を増やしていけばいいのです。

夢を追いかけることだけが好きなことをやることではない

「夢を叶える」というのは、たしかに素敵で魅力的です。

できれば、「今持っている夢や趣味＝好きなことを仕事にしたい」という気持ちもわかりますが、その場合、どうしても選択肢の幅が狭まります。

また、それらを仕事にするのは、なかなか難しく、転職や独立など、リスクの高い選択を迫られることも少なくありません。


しかし、たくさんの「好きなこと」をつくり、その中から仕事にできそうなもの、今の仕事に取り入れられそうなものを選ぶというやり方をとれば、好きなことだけやって生きていける可能性は一気に高まります。

選択肢が増えれば、たとえ一度失敗したとしても、すぐ別の好きなことに挑戦することができます。

そして、もし**あなたが今、「好きなことが見つからない」と悩んでいるなら、それは逆に「好きなことだけやって生きていく」ための大きなチャンス**だと考えてください。

夢や趣味がなければ、その分、時間やエネルギーを「好きなことを増やすこと」に費やすことができるからです。

今、自分に好きなことがあろうとなかろうと、**まずは好きなことを増やすことに全力を尽くすこと**こそが、「好きなことだけやって生きていく」ための第一歩なのです。

03

人は、知らないものを「好き」にはなれない。気になることを「検索」するだけで、「好きなこと」は自然に増えていく

では、「好きなこと」を増やすためには、どうすればいいのでしょうか。

答えは簡単です。

とにかく**いろいろなことに興味を持ち、それらについて知ろうとしてみましょう。**

つまり、勉強です。


「勉強」と聞くと、途端に「面倒くさそう」と思ってしまう人もいるかもしれませんが、「新たに何かを知ること」はすべて、勉強です。


トランプやマージャンなどと同じだと考えてください。

どんなに楽しいゲームも、ルールややり方を知らなければ楽しめません。

しかし、ルールややり方、テクニックなどを「勉強」して知れば知るほど、おもしろさがわかり、「好き」になっていきます。

人は、知らないものを「好き」にはなれません。

逆に、その物事について知っていることが多いほど、「好きなこと」になる可能性は高くなっていくのです。

一つの検索が、あなたの人生を大きく変える

今は、非常に簡単に「知る」ことができる時代です。

気になった単語をインターネットの検索エンジンに打ち込むだけで、いろいろな情報を手に入れることができます。

まずは仕事に関わること、ニュースで聞いたこと、人との会話に出てきたことなどの中で、気になることや知らないことがあれば、時間をあまりあけずに検索してみてください。

それだけで、知識はどんどん増えていきます。

ただし、一つひとつの事柄について、深掘りする必要はありません。
もっと知りたいと思うことがあれば、ときには深掘りしてもよいのですが、すべてを完璧に調べようとすると時間がかかりますし、それだけに意識を向けると、視野を狭めてしまうことになります。

とにかく、何でもすぐに**検索することで、「いろいろなことに興味を持つ」「知らないことは調べる」という習慣を身につけること**が大切です。

世の中のすべてのものが、今後、あなたにとって「好きなこと」になる可能性を秘めています。
ですから、まずはあらゆることに興味を持ち、勉強し、知識を増やしてみてください。

04

世の中のすべてのことは、
必ず自分とつながっている。
そこに気づけば、
嫌いなことさえ「好きなこと」
に変えられる

先ほど、「世の中のすべてのものが、今後、あなたにとって『好きなこと』になる可能性を秘めている」とお話ししました。

その中にはもちろん、あなたが今「嫌いだ」と思っていることも含まれています。

しかし、**嫌いなことを好きになるためには、越えなければならないハードル**があります。

それは、**「つまらない」「おいしくない」「なんとなく苦手だ」といった先入観**です。

「嫌いなこと」が「好きなこと」になるには、そうした先入観を取り除く必要があります。

では、どうすれば先入観を取り除くことができるのでしょうか？

僕は何よりも、「その先入観が正しいのか」と疑いながら、「嫌いだ」と思っていることにしっかり接してみることが大事だと思っています。

人が何かを嫌うのは、それについてよく知らないがゆえの「食わず嫌い」であることが多いからです。

たとえば、教科書。

多くの人は教科書に対し、「つまらない」「一面的で深みがない」といった先入観を持ち、どちらかといえば苦手意識を抱いているでしょう。

でも僕は学生時代、そのように思ったことはありませんでした。

なぜなら、読み物として教科書を読んでみると、意外におもしろかったからです。

特に世界史の教科書など、一見、歴史上の事実だけを淡々と書いているようですが、執筆者の得意な分野なのか、ところどころにやたら熱く書かれている部分があり、非常に読み応えがあったのです。

僕は高校時代、いわゆる進学校に通っていましたが、学生時代の勉強法は「教科書の、自分の興味があるところを、寝転がって、ただひたすら読む」というものでした。「ここが試験に出るぞ」と先生に言われたことは全無視。受験指導を受けたり、受験対策をしたり、机に向かって勉強をしたり、年号を暗記したりしたこともありません。

それでも、志望校に無事合格することができました。

まさに「好きなことだけやる」勉強法が功を奏したわけです。

「つまらない」という先入観を捨てて教科書を読んでみると、いろいろな発見があります。

そして、その「発見と出会い」というプロセス自体が、人生にとっての大きな勉強になります。

もしあなたが今、「嫌いだ」と思っていることがあるなら、自分がどのような先入観を持っているのかをしっかりと認識したうえで、一度先入観を捨て、しっかりとその「嫌いなこと」に接してみましょう。

「嫌いなこと」も必ず「好きなこと」につなげられる

しかし、先入観を取り除くのは、なかなか難しいことでもあります。「先入観を取り除いても、やっぱり好きになれない」こともあるでしょう。

それでも、「嫌いなこと」を「好きなこと」に変える方法はあります。

「嫌いなこと」を「自分ごと化」するのです。

「自分ごと化」というのは、物事を「自分にとって、興味・関心のあるもの」としてとらえられるようにすることです。

つまり、**「自分が興味・関心を持てる好きなこと」とつなげることで、「嫌いなこと」を「好きなこと」に変えることができる**のです。

たとえば、「世界史は複雑で苦手」という人は、興味のあることと世界史をつなげてみてください。

もしサッカーに興味があるなら、好きなサッカーチームのある町の歴史を調べてみてはどうでしょう。

リーガ・エスパニョーラの、マドリードを本拠地とするレアル・マドリードCFと、バルセロナを本拠地とするFCバルセロナの二チームの戦いは、「クラシコ」（伝統の一戦）と呼ばれ、いつも非常に盛り上がります。

もちろん、両チームともスター選手がひしめく強豪チームであることもありますが、マドリードとバルセロナの歴史を調べれば、なぜ「クラシコ」に人々がそこまで熱狂するのかが、より深くわかるはずです。

そうしたところから始めると、だんだん「世界史」が「自分ごと」になっていき、「勉強しなきゃ」という義務感がなくなって、どんどん興味が湧いてきます。

広い視野でとらえると、世の中の物事はすべて関係し合っています。

かつて『さおだけ屋はなぜ潰れないのか？　身近な疑問からはじめる会計学』（山田真哉著、光文社新書）という会計の本がベストセラーになりましたが、その大きな理由は、読者に「『さおだけ屋』と『会計学』という、一見何の関係もないものが、実はつながっている」という驚きを与えた点にあると、僕は思っています。

同じように、あなたが嫌いなことも、必ずあなたが好きなこと、興味を持っていることとつなげることができます。

「嫌いなこと」を「自分ごと化」する作業を繰り返していると、自然に「嫌いなこと」と「好きなこと」を結びつけられるようになるはずです。

もし、どうしてもつなげることができなかったとしても、「嫌いなこと」と「好きなこと」をつなげようとした努力は無駄ではありません。

「嫌いなこと」を「自分ごと化」しようと試みること自体が、十分に「好きなことだけやって生きていく」ための勉強になっているからです。

05

仕事ができる人は、何でも「自分のこと」として考えられる人。
仕事ができない人は、何でも「他人ごと」と考えてしまう人

「自分ごと化」する能力は、なにも「嫌いなこと」を「好きなこと」に変えるときだけに使うものではありません。

実は、**「自分ごと化」は、人生のあらゆる局面において必要であり、「好きなことだけやって生きていく」うえで、非常に重要です。**

たとえば以前、こんなことがありました。

芸能プロダクションに勤める知り合いの女性と話していたとき、彼女がよく買い物をする街・二子玉川に、新しいシネコンができるという話題になったのです。

「それは便利になるね」と僕が言ったところ、彼女からは「いいえ、今よりもっと人が増えて、混雑するし、街が騒がしくなるから嫌なんです」という冷静な答えが返ってきました。

その気持ちは、理解できなくはありません。

自分が気に入っている街に、新参者がたくさんやってきて混雑するのを不快に思う気持ちは、誰にでも少なからずあるからです。

しかし、ここで問題なのは彼女の職業です。

彼女は芸能プロダクションに勤務しています。

おそらく今後、そのシネコンで上映される映画に、彼女の会社の所属俳優が出演することもあるでしょう。

シネコンができれば、所属俳優の出演映画がより多くの人に観られることになります。

つまり、彼女の会社にとってはプラスであり、場合によっては彼女の給料が上がる可能性だってあるわけです。

この何気ないやりとりの中に、「仕事ができる人」と「仕事ができない人」の意識の差が表れていると、僕は思います。

仕事の「できる」「できない」を分ける三つの意識

働いている人の意識は、大きく三つに分けられるといわれています。

それは**「当事者意識」「お客さん意識」「被害者意識」**です。

「当事者意識」を持っている人は、何でも「自分ごと」としてとらえ、常に責任を持って仕事をします。

自分に直接関係があろうとなかろうと、率先して親身になって仕事に取り組んでいくのです。

つまり、**あらゆることを「自分ごと化できる」人**だといえます。

一方で**「お客さん意識」**を持っている人は、「仕事はあって当然、給料はもらえて当然」と考えがちで、**与えられた以外の仕事には取り組もうとしません。**

全体的に、会社や上司などに対する感謝の念や、「会社に貢献しよう」という意識が希薄です。

先ほど例に挙げた女性は、まさに「お客さん意識」の持ち主だといえるでしょう。

彼女に当事者意識があれば、新しいシネコンができることに対し、まず「よかった」と喜ぶはずです。

さらに、どれぐらいの広さのシネコンなのか、どのような映画を上映しているのかを調べ、積極的にシネコンに足を運ぼうとしたかもしれません。

しかし、お客さん意識で仕事をしている彼女は、「どのようなシネコンか、リサーチしてくれないか」と上司から命令でもされない限り、そのようなことはしないでしょう。

会社の利益への関心が希薄だからこそ、「混雑するから嫌だ」という言葉が出たのだと思います。

なお、お客さん意識以上にやっかいなのが、「被害者意識」です。

被害者意識を持っている人は、常に「仕事をやらされている」と思っており、たとえ自分が関わる案件でトラブルが発生しても、自分の責任を認めようとはしません。

それどころか、まるで自分が被害者であるかのように振る舞い、他人に責任をなすりつけたり、言い訳をしたりします。

被害者意識は、いつの間にか芽生えてくるので、注意が必要です。

あなたは、仕事や勉強をしているときに「なんでこんなことをしなきゃいけないんだ」と思ったことはありませんか？

それこそが被害者意識です。

もし、そのような経験があるなら、思い出してみてください。

被害者意識を持っているときは、恐ろしく効率が悪かったり、成果が上がらなかったりしませんでしたか？


さて、人は職場においても家庭においても、あるいは勉強しているときでも、必ずこの三つのうち、いずれかの意識を持っています。


職場の同僚や大学の同級生の顔を思い浮かべてみてください。

ほとんどの人は、よくてお客さん意識の持ち主。

被害者意識の持ち主も多いのではないでしょうか。

当事者意識を持っている人は、おそらく非常に少ないはずです。

そのような状況は、会社や学校からすれば由々しき事態ですが、あなたにとってはチャンスです。

当事者意識を持つことで、すぐに周りと差をつけることができるからです。

成功した人はすべて、当事者意識で働いています。

日本マクドナルドや日本トイザらスを設立した藤田田氏も言っています。

「傍観者はダメである。どんな仕事でも当事者になることが肝心である」と。

あらゆることを「自分ごと化」し、当事者意識を持つことこそが、成功への近道なのです。

06

世の中にあふれている、
さまざまな情報やニュース。
どうすれば、
その一つひとつが「自分ごと」に
つながるかを考える

先ほどのシネコンの例に限らず、世の中で起こっていることはすべて、いろいろなものとつながっており、多くの場合、あなた自身にもつながります。

それらの中に、きっとあなたを成長させてくれる知識や、仕事で成功するためのヒントが隠されているはずです。

ですから、普段からあらゆることを「自分に関係がある」と考え、「自分ごと化」するよう心がけましょう。

「すべてのことが自分に関わっている」と意識しながら日々を過ごすだけで、得られるものはたくさんあります。

たとえば、あなたがスーパーの経営をしていて、電車の中吊り広告で「自動車の保有台数過去最低」という記事を見たとします。

何も意識をしていなければ「ふーん」とつぶやいたり、「自動車が減れば、そのぶん空気がきれいになるな」と思ったりするだけで終わるかもしれません。

しかし、「自分ごと化」する意識を持っていれば、見方は変わってきます。

この例でいくと、自動車を持つ人が減るということは、自動車で買い物をする人が減るということですから、「うちもそろそろ、宅配に力を入れた方がいいかもしれない」とか「駐車場の一部を使って、新たな展開を考えよう」といった発想が生まれるかもしれません。

このように、「自分ごと化」できる人とできない人とでは、大きな差が出てくるのです。

また、「自分ごと化」すれば、世の中のあらゆることに興味を持たざるを得なくなり、自然にたくさんの情報が入ってくるようになります。

そしてその中から、「好きなこと」もきっと、たくさん生まれるはずです。

物事に興味を持てば、自然に「知りたい」という気持ちになりますし、すでにお話ししたように、知ることによって、人の心の中に「好きだ」という感情が生まれるからです。

「自分ごと化」を習慣にすることさえできれば、**「努力している」という意識すら持たず、日常をただ過ごしているだけで、知識が増え、「好きなこと」がどんどん増えていきます。**

これは、「知識を身につけよう」と自分で頑張って勉強するよりも、よほど楽で効果的な「勉強法」だといえるのではないでしょうか。

社会に関わることほど、「自分ごと化」した方がいい

毎回、選挙の投票率などを見るたびに、人々の政治や社会問題への関心が、どんどん希薄になっているように思います。

みなさんの中にも「政治って、自分とは遠い世界に感じられてしまって、なかなか自分ごと化しにくい」と思っている人がいるかもしれませんね。

しかし、「よくわからないから」「候補者を知らないから」「政治に興味がないから」といった理由で選挙に行かないのは、非常にもったいないことだと、僕は思います。

別に、「選挙に行くのは国民の権利だから、使った方がいい」などと、かたいことを言うつもりはありません。

選挙には、あなたの人生をより豊かなものにする可能性が秘められているからです。

まず、選挙を「自分ごと化」することで、日常生活ではなかなか得ることができない、さまざまな知識が身につきます。

おもしろい商品や映画、素敵なお店に関する情報などは、普段から触れる機会が多く、身近に感じられるため、比較的「自分ごと化」しやすく、知識も身につきやすいといえます。

ところが、政治や社会、経済、歴史、国際関係などについては、多くの人は「自分とは関係のない、遠い世界のもの」「どちらかといえば苦手」といった意識を持っているため、「自分ごと化」しにくく、知識も身につきません。

そこで役に立つのが、選挙です。

選挙には、経済、歴史、今の社会の雰囲気など、いろいろなことが絡んでいるため、**もし「自分ごと化」できれば、いろいろな分野の知識が身につきます。**

また選挙は、自分が住みやすい社会をつくるための行為でもあります。

かつて、いとうせいこうさんが、僕がプロデュースした番組である『オトナの！』（TBS）の中で、おもしろいことを言っていました。

「僕は自分のやりたいことをやるため、自分の理想の世界から現実世界に派遣されたスパイである」

現実の世界で、自分のやりたいことだけを声高に叫んでいたら、排除されてしまうかもしれません。

そうならないために、スパイのように身を隠しながら、理想が叶うように潜伏して活動している、というのです。

選挙も、このスパイ行為の一つだと考えてみてはいかがでしょうか。

「社会のために」「これからの日本の未来のために」などと考えると、どうしても及び腰になってしまうかもしれませんが、**「自分のため」だと考える**と、ハードルは一気に下がり、興味が湧いてくるのではないでしょうか。

それによって、社会や政治に関心を持つ人が一人でも多くなれば、政治に無関心の人が多いよりも、結果的に社会全体が良い方向に進むと、僕は思います。

社会が良い方向に進めば、僕たち一人ひとりも必ず何らかの恩恵を受けます。

少しの時間、ちょっと関心を向けたことが、巡り巡って自分に返ってくるのです。

ですから、みなさんも、まずは「自分のために」選挙に行ってみるのはどうでしょう。

07

これから求められるのは、過去にこだわらない柔軟さ。インプットとアウトプットを繰り返し、「好きなこと」を増やせる人だけが生き残れるここ数年の間に、ビジネスのあり方は、さらに大きく変わりました。

SNSを使った広告やプロモーション、マーケティングが重要性を増し、今や多くの企業が、フェイスブック、ツイッター、LINEなどで情報を発信しています。

これまでも、科学技術の発達に伴って、仕事のあり方は変化してきました。

しかし、AI（人工知能）などが導入されつつある今は、**とても大きな変革期にある**といってよいでしょう。

にもかかわらず、人と話をしていると、年代や性別、地域性、職種、学歴などとは関係なく、「仕事のあり方が変革期を迎えていること」に「気づいていない人」が多いように思えて仕方ありません。

厳密に言うと、**今までの自分の仕事の仕方、生き方が否定されるのではないかと感**

じ、**「気づいていても、気づかないふりをしている人」が非常に多い**ように思います。

かつての僕も含め、大企業に勤めている人は、この傾向が特に顕著です。

もしかしたら、気づくだけの洞察力があるにもかかわらず、心に蓋《ふた》をして、「何とか既存のビジネスで生き永らえよう！」と自分をだましているのかもしれません。

でも、キツイ言い方になりますが、そういう人は近い将来、ビジネスの世界で生き延びることができなくなると思います。

これからは、**「今が未来への変革の時期だと気づく」「気づいているなら、気づいていないふりをしない」**ことが重要になるのです。

郵便はがき

切手を
お貼りください

105-0003

（受取人）

東京都港区西新橋2-23-1
3東洋海事ビル
（株）アスコム

「好きなことだけやって生きていく」という提案

読者　係

本書をお買いあげ頂き、誠にありがとうございました。お手数ですが、今後の出版の参考のため各項目にご記入のうえ、弊社までご返送ください。

お名前	男・女	才
ご住所　〒		
Tel	E-mail	
この本の満足度は何％ですか？		％

今後、著者や新刊に関する情報、新企画へのアンケート、セミナーのご案内などを郵送またはeメールにて送付させていただいてもよろしいでしょうか？
□はい　□いいえ

返送いただいた方の中から**抽選で5名**の方に
図書カード5000円分をプレゼントさせていただきます。

当選の発表はプレゼント商品の発送をもって代えさせていただきます。
※ご記入いただいた個人情報はプレゼントの発送以外に利用することはありません。
※本書へのご意見・ご感想に関しては、本書の広告などに文面を掲載させていただく場合がございます。

●本書へのご意見・ご感想をお聞かせください。

ご協力ありがとうございました。

インプットとアウトプットを同時に行うことで、人は常に生まれ変われる

そして、「今が変革期だ」と気づいたなら、自分の考えや情報をアップグレードしていく必要があります。

自分の今までの仕事の仕方が通用しなくなるのを、不安に思う気持ちはわかります。だからこそ、見て見ぬふりをしたくなる気持ちも。

しかし、不安な気持ちをただ抱えているだけでは、何も変わりません。時間が過ぎれば過ぎるほど、その不安は大きくなりますし、どんどん後戻りできなくなってしまいます。

時代の変革に合わせた仕事のあり方に、自分もしっかりとコミットしなければなら

ないのです。

なお、夢や趣味など、**人は自分の中の「好き」に固執しがちなので、それが本当に時代と向き合っているのか、常に注意する**必要があります。

「好きでやっていること」やそのやり方が、好きになった当初、やり始めた当初は時代に合っていたのに、時の流れとともに陳腐化し、周囲に受け入れられなくなっていく……というのは、よくあることです。

では、自分の「経験」や「好き」に変に固執しないためには、どうすればよいでしょうか？

とにかく、インプットとアウトプットを常に繰り返すことです。

インプットとアウトプットは別ものだと考えている人もいるかもしれませんが、呼吸と同様、これらは二つで1セットです。


たとえば、**自分の考えを人に話すことは、アウトプット**にあたります。

ただし、**会話をしているときは、同時に相手からの情報をインプット**もしています。

相手からは、自分のアウトプットに対する反応を受け取ることもあれば、まったく新しい情報を受け取ることもあるでしょう。

そして、翌日には、前日にインプットした情報をもとに、別の人にアウトプットする……といった具合に、インとアウトは循環しているのです。


インプットとアウトプットを別ものと考えている人は、アウトプットしているときに相手が良い情報をくれたとしても、見逃したり聞き逃したりしてしまいがちです。

また、アウトプットすることに意識が向きすぎていて、「何か良いことを発言しなければならない」とガチガチになり、話すことに臆病になってしまうため、会議などで何も発言できなくなる傾向の人もいるでしょう。

他企業へのプレゼンのときなどは、きちんと話す必要があるかもしれませんが、社内での上司や同僚、部下との打ち合わせのときなどは、**失敗を恐れずにアウトプットする**ことが大切です。

仕事ができない人ほど、他人に話したり質問したりすることが苦手です。

「いい発言をしないと笑われる」「こんなことを聞くのか、と怒られるのが怖い」など、いろいろな感情が渦巻いて一歩踏み出せないのかもしれませんが、一人で考えをこねくり回していても、なかなかまとまらず、新しい要素も入ってきません。

「相手の良い考えをインプットするため、自分の考えをアウトプットする」ぐらいの気持ちで、どんどん発言する。

それが自分の考えをブラッシュアップさせる、最も簡単で効果的な方法です。

多少、笑われたり怒られたりしてもいいのです。

一人で考えてうまくいかなければ、結局、独りよがりになり、時代についていけず、大変な思いをするのですから。

とにかく、折に触れてインプットとアウトプットを行いましょう。

インプットとアウトプットを同時に行うことによって、常に自分の持っている情報や考えが更新されていき、結果的に、変化する時代にコミットできるようになるはずです。

そして、それこそが「何かを勉強する」ということではないかと、僕は思っています。

08

バラエティの世界では、「悲劇」や「危機」が一番「おいしい」。どんなピンチも、視点を変えれば、大きなチャンスになる

僕は、テレビのバラエティ番組のプロデューサーだったからではなく、「バラエティに富んだことをやる」という意味で、自分の職業を「バラエティ・プロデューサー」と言っています。

「とにかく、おもしろいことをやりたい」というのが、僕の基本姿勢です。

テレビ、イベント、映画、書籍、ビジネスモデル……表現の形にはこだわりません。「自分の専門はこのジャンルだから、○○をやろう！」と決めつけるのではなく、「まず、いろいろなことを知り、体験し、それをおもしろおかしく形にしたい！」という思いが、この肩書に込められています。

そんな僕が「好きなことだけやって生きる」うえで重要だと思っているのが、**「バラエティ思考」**です。

バラエティ思考とは、物事を平面的にとらえるのではなく、三百六十度、あらゆる視点からとらえ、どうすればおもしろくできるかを考えることです。

バラエティ思考は、たとえばあなたが失敗したときに、非常に役に立ちます。

仮に、あなたが会社から、ある商品の開発や営業を任されたとします。社運が懸かっているにもかかわらず、その商品が悲惨なほど売れなかったら、会社中から総攻撃を受けるでしょう。

汚名返上のため、さらに熱心に営業をしても商品は売れず、気分はどんどん落ち込み、大泣きするかもしれません。

しかし、気にすることはありません。

平面的に見れば悲劇でしかありませんが、この展開を上からの視点で眺めてみましょう。

怒鳴る上司、頭を抱える経営陣、慰める同僚、くたくたになりながらも成果が出ず、会社の隅で号泣する自分……。

どこを切り取っても、**バラエティとしては「おいしい」**ところだらけなのです。

テレビのバラエティ・ドキュメントで一番おもしろいのは、苦労したり、うまくいかなかったりして、出演者が本気で怒ったり泣き出したりする瞬間、つまり喜怒哀楽がはっきり映し出されたシーンです。

僕たちは、彼らが「カメラを止めろ！」と怒鳴ったり号泣したりする場面に出会うと、実は「いいものが撮れたな」と内心では喜んでいます。

誤解のないように言っておきますが、決してヤラセを無理やりするわけではなく、出演者の感情が大きく動くような自然なストーリー展開を考えるのです。

「おいしい」場面を撮るために、出演者が怒りそうな要素を用意したり、涙しそうな言葉をかけたりするわけです。

日常を、ただ平面的になぞるだけではおもしろくありません。

しかし、感情の動きがはっきりとわかるような形でとらえると、視聴者は興味を持ってくれます。

失敗しているときこそ、人はあなたに注目している

先ほどの例のように、仕事が失敗し、**喜怒哀楽があらわになっている状況は、周りから非常に注目されている瞬間**でもあります。

つまり、結果はともかく、あなたの頑張りをアピールするチャンスなのです。

たとえば、自分自身に「世界一の駄作を作った男！」といったキャッチフレーズを

つけ、この体験を自分で発信したらどうでしょう。

世の中はおもしろいもので、「並の駄作」では人々は何ら関心を持ってくれませんが、世界一の駄作には興味をそそられます。

最近、ツイッターでスーパーやコンビニなどの店長が「発注ミスで、こんなに商品が届いてしまいました。助けてください」とつぶやき、商品がドーンと売れることがたまにあります。

これは、大量の商品が並ぶ写真、悲壮感のある文章などのバラエティ的おもしろさが、多くの人に支持された結果です。

同じように、**自分の失敗体験を別の視点から眺めることにより、失敗をチャンスへと変える**のです。

失敗をしてただ落ち込んでいても、何も変わりません。

それより、「どうすれば、この失敗が人の目におもしろく見えるか」を考えた方が、よほど建設的ではないでしょうか。

また、バラエティ思考はピンチのときにも使えます。

たとえば、ショッピングのロケをしたいけれど、撮影が押してしまい、あと1時間しかない場合。

そんなときに「1時間じゃ無理！」と諦めるのではなく、急きょ「1時間でどれだけ買い物ができるかゲーム」に企画を変えます。

このように、制約をルールに変えてみると、ふつうにロケをするよりも、もっとおもしろくなるはずです。

ピンチや制約をうまく利用することで、物事ははるかにおもしろくなります。

たとえば、俳句も「17文字」という制約があるからいいのです。

松尾芭蕉が、「松島」をテーマに5万字で感想を書いても、きっとおもしろくない。

たった17文字だからこそ、芭蕉は「松島や　ああ松島や　松島や」という句の中に、いくら言葉を尽くしても表現できない広がりや深みを持たせることができたのです。


ピンチになり、条件が厳しくなればなるほど、チャンスが生まれます。

そして、**物事をいろいろな視点からとらえたり、物事に制約を持たせたりすることで、発想はどんどん豊かになります。**

「悲劇は悲劇」「喜劇は喜劇」といった具合に、物事を一面的にしか見ないのは、非常にもったいないことだと僕は思うのです。

あなたも、ぜひ日頃から、だまされたと思ってバラエティ思考を取り入れてみてください。

09

「好きなこと」が増えれば、
知識や才能が増えていく。
その先に必ず、
「あなたにしかできないこと」が
待っている

「好きなことだけやって生きていく」ためには、できるだけ多くの人に、あなたがやっていることを知ってもらう必要があります。

しかし、情報技術の発達やＳＮＳの浸透により、あらゆる人が情報を発信できるようになり、世の中にはたくさんの情報があふれています。

その中で、あなたが発信する情報が埋もれてしまわないようにするには、情報を、よりオリジナリティあふれるものにしなければなりません。

「好き」という感情によって、これまで以上に自分の頭の中の欲望を具現化し、表に出していくのです。

頭の中に湧き起こった欲望を具現化すること。

それこそがエンターテインメントの本質です。

つまり、これからの時代は、一人ひとりが、自分というキャラクターを通したエンターテインメントを発信していかなければならない時代だといえます。

たとえるなら、今までのあなたはテレビの視聴者側でした。

「タレントが出演し、他人が提供する『エンタメ』」を観ていればよかったのです。

しかし、**これからは、あなたもタレント側となります**。

自分自身でエンタメを発信し、その分の報酬をもらわなければなりません。

どこかで見たようなものを発信しても、誰も見向きもしません。

社内に向けても、社外に向けても、あなたにしかつくれないものを提供する必要があります。

つまり、個人の固有の才能が、より求められるようになるのです。

そして、それを身につけるためには、「好き」という、誰とも同じでないあなたのオリジナルの感情が役立つはずです。

あなたが**「好き」という独特の感情によって得た知識は、間違いなく唯一無二のものであり、それが積み重なって固有の才能になります。**

今後は「好きなこと」を「才能」にしない限り、生きてはいけないのです。

才能というと、何か一つの抜きんでたものを想像するかもしれませんが、決してそうではありません。

キングコングの西野亮廣さんが、いい例です。

彼は芸人ですが、それとは別の才能を使って絵本を作り、ブログや読者の口コミによって、その絵本の存在を世に広めました。

最新作の『えんとつ町のプペル』（幻冬舎）は、発行部数50万部に届く勢いです。

「好きなこと」が増えれば、それだけ才能の種類は増えていくのです。

━社会に必要なセカンドクリエイターという生き方

さらに言えば、その才能は、ずば抜けた天才的なものである必要はありません。

そんなものを持っている人はほんの一握りですし、天才的な才能などなくても、生きていけるすべはいくらでもあります。

西野さんが言っていました。

「一流のクリエイターになれないなら、セカンドクリエイターとして食っていけばいい」と。

では、セカンドクリエイターとは何でしょうか？

たとえば、音楽シーンに名を残すバンドには、たいてい、一人の天才的なアーティストがいます。

しかし、天才一人では音楽は生み出せません。

それをサポートするメンバーが必要ですし、売り出すためにはマネージメントも大切になります。

そのように、**天才の周りにいて、一緒に作品を創造する人たちがセカンドクリエイター**です。

音楽の世界に限らず、どんな職種であっても同じです。

飛び抜けた天才的な才能がなくても、セカンドクリエイターとして、才能ある人間を支え、一緒に仕事をしていけばいいのです。

セカンドクリエイターがいなければ、どんな天才も、作品を世に出すことはできません。

セカンドクリエイターは、ファーストクリエイターである天才と同じぐらい、必要かつ重要な存在なのです。

ただし、「好きなこと」がない人には、天才と一緒に作品を創造することはできません。

音楽が好きでない人は、なかなかバンドのメンバーにはなれませんよね。

いや、そもそも音楽をやろうとすら思わないでしょう。

逆に、**「好きなこと」が多ければ多いほど、いろいろな分野の天才たちと組んで仕事ができる可能性が増えていきます。**

「自分なんか、まだまだ」などと臆する必要はありません。

「好きなこと」が増えたら、とにかくいろいろな人たちと組んで、自分の「好きなこと」をアウトプットしていきましょう。

そうすれば、「インプット」できるものも必ず返ってくるはずです。

とにかく、まず「好きなこと」を増やすこと。

それが、これからの社会において、「好きなことだけやって生きていく」ための、最低限の必要条件なのです。

第1章のまとめ

好きなことだけやって生きていくと……

▶ 仕事における成長と成功のスピードが上がり、
20〜60歳のおよそ半分の時間を楽しく過ごせる。

「好きなことだけやって生きていく」ためには

▶ 嫌いなことでも何でも興味を持ち、
「自分ごと」にして考えることを習慣化していく。

第2章

新しいアイデアは、必ず「好きなこと」の中から生まれる

10

ゼロから新しいものを
発想できる人は1%もいない。
才能がなくても、魅力的な
アイデアは生み出せる

いろいろなことに興味を持ち、「好きなこと」があなたの中にたくさん蓄積されていっても、それらを頭の中に置きっぱなしにしたままでは、まったく意味がありません。

「好きなことだけやって生きていく」ためには、蓄積されたものを使ってアイデアを生み出し、仕事へと昇華させる必要があります。

しかも、アイデアは、ただ出せばいいというわけではありません。

仕事にするためには、その**アイデアが、あなたの周りの人や世の中の人にとって、できるだけ魅力的なものであることが求められます。**

当たり前のことですが、魅力が感じられないアイデアを形にしたいとは誰も思いませんし、それに対してお金を払おうという人もいないでしょう。

では、魅力的なアイデアとは、一体どのようなものでしょうか？

いろいろと意見があるかもしれませんが、僕は**「今まで見たことも聞いたこともないもの」こそが魅力的**だと思っています。

受け取る側が、「何だ？　これ」「こんなの、見たことも聞いたこともない」「これまでにない使いやすさだ」といった驚きの反応を示せば示すほど、そのアイデアは魅力的だといえるのではないでしょうか。

僕はプロデューサーという職業柄、これまで「企画」という形で、いろいろなアイデアを世に送り出してきました。

そんな僕も、若いころは「何か新しい企画を出して」と言われるのが、嫌で嫌で仕方ありませんでした。

いくら考えても、いいアイデアなど浮かんではきません。

代わりに出てくるのは、「本当に、新しいアイデアなんて、この世にあるのかよ？」「ヒントぐらい、くれよ」「お前が考えろよ」といった愚痴ばかり。

きっと、みなさんも、同じような経験をしたことがあるのではないでしょうか。

ただ、何年か過ぎたころ、僕は、魅力的な新しいアイデアを生み出す秘訣《ひけつ》に気がつきました。

それは、**「新しいものをゼロから作り出そうとしない」**ことです。

━「新しいもの」を生み出そうとすると、アイデアは出てこない

「新しいものを作る」というミッションを与えられたとき、多くの人は「新しい」と

いう言葉に惑わされ、「今の世の中にないもの」をゼロから作り出そうとしがちです。

そして、そのミッションをクリアするためには、アルキメデスが入浴中に浮力の存在に気がついたような、ニュートンが木からリンゴの実が落ちるのを見て万有引力の存在に気がついたような、とんでもない「ひらめき」が必要だ、といった気持ちになります。

しかし、彼らのような**「ひらめき」を手に入れ、ゼロから新しいものを生み出せるのは、おそらく神様から「才能」を与えられた、ごく一部の人**のみです。

物や情報が少ない時代ならともかく、あらゆるものがすでに存在している現代社会において、ゼロから新しいものを生み出せる人は、1%もいないのではないでしょうか。

にもかかわらず、希代の天才たちと同じことをしようとしています。「何か新しいアイデアは出てこないか」「何かひらめかないか」と頭を悩ませ、発想力のない自分に失望し、自信を失ってしまうのです。

僕にもそうした経験があるので気持ちはわかりますが、悩んでいても時間の無駄ですし、そもそもひらめきがないことにへコむ必要はありません。**ひらめきが出てこないのも、ゼロから新しいものを生み出すことができないのも、当たり前のこと**なのです。

物や情報があふれたこの社会において、「好きなこと」を活用して新しいものを生み出すために、僕を含む99％以上の「天才でない」人たちがするべきことは、ただ一つ。

「今、すでにあるもの」、つまり既存のものをうまく利用することに力を注ぐのです。

11

すでにあるものと
「好きなこと」を組み合わせる。
新しいアイデアは、
そこから無限に生まれる

では、どうすれば「既存のもの」をうまく利用できるのでしょうか？

とっておきの方法があります。

「既存のもの」同士を組み合わせるのです。


実は、**世の中で「新しい」とされているものの多くは、本当の意味で「新しい」わけではありません。**

既存×既存の組み合わせから生まれているものが、大多数なのです。


わかりやすい例を挙げると、近年、「乳酸菌チョコレート」がヒットしました。

これは言うまでもなく、「乳酸菌」×「チョコレート」の組み合わせによって生まれた商品です。

相撲ブームが生まれたのも、「相撲」×「女性」という組み合わせをもとに、さまざまな仕掛けが行われ、女性客が相撲観戦に足を運ぶようになった結果です。

ちなみに、僕がディレクターをやっていた『さんまのスーパーからくりTV』の名物企画で、「ご長寿早押しクイズ」というコーナーがありました。

これは、お年寄り＝ご長寿のみなさんが、早押しクイズに挑戦するというものです。

そのころ、番組スタッフは、ご長寿のみなさんを打ち出した企画ができないかと、頭を悩ませていました。

ご長寿の方には、キャラクターがおもしろい人がたくさんいるからです。

しかし、ただご長寿の方に出演してもらうだけでは、おもしろいものになるとは思えませんでした。

そこで、さまざまな「組み合わせ」を考えた結果、機敏な動きが苦手なお年寄りに、あえてスピードが要求される早押しクイズに挑戦してもらうことになりました。

「お年寄り」×「早押し」。

この組み合わせが「ご長寿早押しクイズ」という、今までにない企画を生み出したのです。


音楽の世界でも、組み合わせによって、数多くのヒットが生まれています。

かつて、ある有名なヒット曲メーカーが、「ヒット曲にするには、むしろ、どこかで聴いたようなフレーズが入ることがよい」とおっしゃっていました。

でも、それだけだと、ただのパクリになってしまいますから、「アレンジには、最新の技術を使う」のだそうです。

つまり、**「なじみのあるフレーズ」×「最新のアレンジ」で、ヒット曲を生み出しているわけ**です。


演劇においても同様です。

よく「戯曲のストーリー展開のパターンは、シェイクスピアがすべてやり尽くしてしまった」と言われますが、それでも次々に新しい戯曲が生まれています。ストーリーのパターンは同じでも、描く時代や社会はまったく違うからです。シェイクスピアのストーリー展開に、たとえば日本の文化や現代の風俗を組み合わせれば、十分に新しい作品を作ることができます。

また、シェイクスピアの時代には、電動舞台装置も映像表現もありません。シェイクスピアのストーリーに新しい表現手段を組み合わせるだけでも、アイデアは無限に広がり、魅力的な企画を生み出せる可能性は一気に高まります。

もし、あなたが**「好きなこと」を仕事にしたいと思っているなら、ぜひ既存のものと「好きなこと」の組み合わせを考えてみてください。**

「つまらない」と思われているものも含め、世の中には数多くの物や情報があります。

それらと、あなたの「好きなこと」を組み合わせれば、「好きなこと」を仕事にするための新しいアイデアは無限に生まれるはずです。

意外な「組み合わせ」を意識することが、発想の近道

なお、「組み合わせによって新しいものを生み出す」にはコツがあります。
できるだけ、**「今までに見たことのない組み合わせを考える」**のです。

たとえば、「ガッキー」こと新垣結衣さん主演の新しいドラマを作るとします。
あなたなら、ガッキーと何を組み合わせますか？

彼女はすでに、幅広いジャンルの作品に出演しています。
「ガッキー」×「恋愛もの」、「ガッキー」×「涙」では、あまり新しさがありません

よね。
では、実現できるかどうかはともかく、「ガッキー」×「鼻血」はどうでしょうか。
「鼻血を流しているガッキー」というのは、今まであまりなかったような気がします。
想像すると、ちょっとおもしろそうじゃありませんか。

それに、「なぜガッキーは鼻血を流しているんだろう？」と考えただけで、ストーリーがどんどん浮かんできそうな気がします。

すごく興奮したから？
お風呂でのぼせたから？
誰かに殴られたから？
もともと鼻血が出やすい体質だった？

このような、意外な組み合わせがたくさんあればあるほど、過去に見たことのないものが出来上がっていくはずです。

ところで、**「組み合わせによって新しいものを生み出す」際のコツとしては、ほかに、「ジャンルに縛られないこと」**が挙げられます。

アイデアを考えるときは、ついつい似たようなジャンルのものから発想を得ようとしがちです。

しかし、それでは、あっと驚くような新鮮なアイデアは、なかなか出てきません。

既存のものと「好きなこと」の組み合わせで悩んだときは、ぜひ、まったく異なるジャンルのもの同士を組み合わせてみてください。

12

「つまらない」と決めつけず、
何でも体験し、
自分自身で味わう。
それがおもしろいアイデアの
種になる

組み合わせを考えるとき、大いに役に立つのが「情報」です。

トークイベントや講演会に行くと、よく「角田さんのようなアイデアマンと違って、私のように、なかなかアイデアが浮かばない人間はどうすればいいですか？」と聞かれるのですが、僕は決まって次のように答えます。

「アイデアは、外からやってくるものです」

このような質問をされる方はおそらく、「アイデアは、自分の頭の中から自然と湧き上がってくる」と思っているのでしょう。

しかし、すでにお話ししたように、それは違います。

アイデアは、既存のもの同士を組み合わせてできるものです。

つまり、世の中のいろいろな物事についての情報を持っていればいるほど、たくさんの組み合わせ＝アイデアを生み出すことができるわけです。

だからこそ、第一章でお話ししたように、まず「好きなこと」を増やす努力をすることが大切です。

「好きなこと」を増やすためには、世の中のいろいろな物事に興味を持ち、調べることが必要であり、その過程で、たくさんの情報があなたの中にインプットされるからです。

アウトプットはインプットからしか生まれない

アウトプットはインプットからしか生まれません。

ですから、アイデアが欲しい人は、まず「自分」という大地に、たくさんの「情報」の雨を降らせましょう。

頭の中が砂漠のように乾ききっていては、アイデアの泉が湧き出ることはありません。

テレビ、雑誌、映画、イベント、スポーツ……。

何でもかまいませんから、自分自身で見て、聞いて、体験しましょう。

そこで**インプットした情報が頭の中にたまり、組み合わされると、やがてアイデアが生まれてくる**はずです。

ただ、ここで気をつけておきたいのは、やみくもに情報を得るだけではなく、「自分なりに情報を育てる」作業が必要だということです。

情報は、アイデアの種のようなものです。

せっかく手に入れた植物の種も、放っておいたら、芽を出してくれません。

土に蒔《ま》いたり、水や養分を与えたりして初めて芽を出し、成長していくのです。


情報も同じです。

いずれアイデアという花を咲かせるためには、ただ情報を手に入れただけで満足してはいけません。


では、どうすれば情報を育てることができるのでしょうか？

とても簡単です。

得た情報に関して、「どうして？」と考えるだけでいいのです。

たとえば、「○○が売れている」と聞いたら、「○○はどうして売れたんだろう？」と考えます。

「○○がおもしろい」と思ったら、あるいは誰かに「○○がおもしろい」と言われたら、「どうして自分は、○○をおもしろいと思ったんだろう?」「どうしてあの人は、これをおもしろいと言ったんだろう?」と考えます。

深く考え込む必要はありません。

ただ、**一つひとつの情報に対して、「どうして?」と考えてみる**のです。

そのひと手間をかけることで、情報はよりブラッシュアップされた形で、あなたの頭の中にインプットされます。

まずは、やってみてください。

そのうち、**インプットした情報同士が組み合わされ、自分の中からアイデアが湧き上がってくる感触をつかめるようになる**はずです。

「つまらなそう」と言う人のアイデアは、つまらなくなる

なお、情報を得るときには、他人の「つまらない」という評価に惑わされないよう、気をつけましょう。

世の中には、自分が深く接したり、自分で体験したりしたわけでもないのに、見聞きした外部情報だけをもとに、「あの映画はつまらない」「あの人はくだらない」「あの国は嫌いだ」と先入観で判断してしまう人が少なからず、います。

そして、特に最近は、他人の発信した情報がネットなどにあふれているせいか、「いちいち、自分で体験している時間もエネルギーもない」と思っている人が多いのか、**他人の評価を鵜呑《うの》みにして、物事を判断する人が増えているような気がします。**

しかし、それは、人生における大きな損失です。

他人の評価など、決してあてになりません。

誰かが「つまらない」と思ったことでも、あなたにとってはすごくおもしろく感じられるかもしれないのです。


また、**単体では「つまらない」ものが、あなたの「好きなこと」と組み合わされることで、びっくりするほどおもしろいアイデアに変身する**可能性もあります。


ですから、何事においても、**他人の評価や情報に惑わされ、「つまらなそう」と決めつけない**ようにしてください。

アイデアの種となる情報を数多くインプットするには、「自分自身で経験してみること」が何よりも大切なのです。

13

「流行りもの」を
馬鹿にしてはいけない。
「売れる理屈」は
売れているものの中にこそある

他人の「つまらない」という評価を気にしてはいけない、とお話ししましたが、逆に、誰かが「おもしろい」と言っているものは、アイデアを生み出すうえで、非常に参考になります。

もしあなたが、**「他人の評価に頼るのではなく、自分だけの力でおもしろいものを発見したい」「今、流行《はや》っているものを見ても、これから流行るものをつくる参考にはならない」と思っているなら、その考えはすぐに捨てましょう。**

他人が「おもしろい」と言ったもの、今、流行っているもの＝多くの人が「おもしろい」と思ったものには、有益な情報が詰まっている可能性が非常に高いからです。

「アイデアを生み出すために情報をインプットしたいけれど、どんな情報を入れたらいいかわからない」という人は、**他人が「おもしろい」と言ったものや、今、流行っているものに関する情報を、まずは取り入れてみてください。**

「売れる理屈」は、売れているものにしか眠っていない

何かを「おもしろい」と思えるかどうかは、その人の素養やセンスに左右されます。

たとえば、僕がおもしろいと思った映画『シン・ゴジラ』を、ある女子高生が「つまらない」と言っていたら、僕は「彼女に、『シン・ゴジラ』をおもしろがるだけの素養やセンスがないだけだ」と考えるかもしれません。

逆に、女子高生が「おもしろい」と言った映画『君の名は。』を、僕が「つまらない」と感じたら、僕に、『君の名は。』をおもしろがるだけの素養やセンスがないということになります。

素養やセンスは、「その人の、ものの見方」「その人の中に蓄積されている情報」と言い換えることができます。

仮に、格闘の中で発生する人間の心理を丁寧に描いていて、そこがおもしろい映画があったとします。

人間ドラマに着目すれば、すぐにおもしろさがわかるのに、「格闘シーンが少なくて、おもしろくない」などといった感想を抱いてしまう……。

さまざまな角度から作品を観られない人に、よくありがちなケースです。

また、「その作品を観るうえで知っておいた方がいい情報を、知っているかどうか」も重要です。

第二次世界大戦を描いた作品なのに、第二次世界大戦についてまったく知らなければ、話がわからず、つまらないと感じるでしょう。

ですから、もし何かを「つまらない」と思ったときは、ぜひ**「それを『おもしろい』と思えるようになるためには、どんな素養やセンスが必要か」を考えてみてください。**

人が「おもしろい」と言うものには、その人を熱中させる理由が必ずあります。

特に、流行っている商品や作品について、**「なぜ多くの人が、それを『おもしろい』と思っているのか」を考えれば、「ヒットさせるために必要なこと」がわかる**はずです。

そこで得た情報は、「組み合わせ」によってアイデアを生み出す段階で、きっと役に立ちます。

売れるための理屈は、売れているものからしか学べないのです。

このように、人や自分の「つまらない」という感情に疑問を持ち、「おもしろい」

という感情の理由を考えることは、とても大事です。
その瞬間から、あなたが新たな「おもしろさ」を生み出す可能性が広がります。

そもそも、**「つまらない」という気持ちは、何も生み出しません。**
「私には、その商品や作品のダメなところに気づく能力があります」と主張したいがために、何かを「つまらない」と言いたがる人は少なくありませんが、そんなことをしても、一時的に虚栄心が満たされるだけです。

それよりも、あらゆる物事をさまざまな視点から見て「おもしろい」と思えるようになった方が、人生はもっとワクワクしたものになると思いませんか。

14

時間がないときこそ、
人気の映画を観る。
素晴らしいアイデアは、
そんな人に降りてくる

人が「おもしろい」と言ったもの、自分が少しでも興味を持ったものは、できるだけ早く見たり聞いたり、体験したりするようにしてください。

知的好奇心というのは、残念ながら、非常に移ろいやすいものだからです。


たとえば、僕が講演会で、「映画『バクマン。』はおもしろかったから、観た方がいいよ」とすすめると、しっかりした社会人ほど「わかりました！　観ます！」と言い、中にはメモを取る人もいます。


しかし、そういう人は、ほとんど観に行きません。

決して、「角田が言っていることなんて信じられない」と思っているわけではないでしょうし、好奇心が湧かなかったわけでもないでしょう。

ただ、**「今は、ちょっと忙しいから」「予定がわからないから」などと自分に言い訳をしているうちに、いつの間にか日々の生活に流され、好奇心が消えてしまうのです。**

もちろん、人それぞれ、いろいろな理由や事情はあると思いますが、僕はそういう人たちに対し、つい次のように思ってしまいます。

「あなたは、キングコングの西野さんや水道橋博士さんより忙しいのですか？」と。

たとえば、僕が西野さんや水道橋博士さんに「この映画がおもしろかったですよ！」と言うと、彼らは無理やり時間をつくって、絶対観に行きます。

むしろ、「角田がおもしろいと言っているものを、自分が観ていないことがムカつく」くらいに思っているのです。

本当に彼らより多忙なら仕方がありませんが、おそらく多くの人は彼らほど忙しくはないはずです。

講演会であれ仕事であれ、出会った人の意見はとても貴重であり、そこにはアイデアを生み出すためのヒントがたくさん眠っています。

きちんと参考にし、活かすことができなければ、いつまでも自分の殻から出ることができず、アイデアを生み出す能力を磨くこともできません。

人がおもしろいと思ったものは、とりあえずポチる

では、人から受けた刺激を確実に自分のものにする、とっておきの方法をお伝えします。

誰かに「おもしろいよ」と言われたら、その場でスマートフォンやパソコンを立ち上げ、本であれ、ＤＶＤであれ、映画のチケットであれ、**とりあえずポチるのです。**

もしかしたら、みなさんは「お金がもったいない」と思うかもしれません。

でも、ヒットしているものに触れる機会を逃し、アイデアの種を見逃してしまうこ

との方が、人生においては余計もったいないのです。

「自分の好奇心に躊躇《ちゅうちょ》しない」

これは水道橋博士さんの言葉ですが、まさにそれが大事だと、僕も思います。

どんなにくだらないことでも、かまいません。

何かに対して好奇心を抱いたら、それを**実際に体験しつつ、しなければいけない自分のタスクや課題と、どうつなげることができるかを考えてみてください。**

その積み重ねが、いずれ、アイデアという花を咲かせてくれるはずです。

なお、**「仕事の納期や締め切りが迫っているのに、まったくアイデアがまとまらない」というときには、「自分の好奇心に頼る」**ことをおすすめします。

「時間がない」「もし終わらなかったらどうしよう」「何も考えられない」とあせる気持ちを、いったん心の奥に押し込めて、今の仕事とまったく関係のない映画を観に行くのです。

そして、観終わった後も、すぐに仕事のことを考えるのではなく、その映画について、喫茶店にでも入ってゆっくりと考えてください。

もしかしたら、そこでふと、仕事のヒントとなるものが浮かんでくるかもしれません。

いずれにせよ、ただあせって悩み続けるよりも、**映画でリフレッシュした脳で、もう一度最初から企画や課題を見直した方が、よほどいいアイデアが浮かぶ**はずです。

15

どんな物事にも、
必ず別の顔がある。
固定観念を捨てたとき、
新たな世界が見えてくる

「つまらない」という気持ちと同様、**新しいアイデアが生まれるのを邪魔するのが、自分が持っている固定観念**です。

「固定観念」に関しては、忘れられないことがあります。

僕は２００１年に、『金スマ』を立ち上げました。
しかし最初の一年半は、なかなか視聴率が上がらず、苦労しました。

テレビの世界では、「F２層（女性35〜49歳）とF３層（女性50歳以上）が観る番組ほど視聴率が高い」という法則があります。

F２層とF３層は、世間でいわゆる「おばちゃん」といわれている人たちです。

当時、チーフディレクターだった僕は、視聴率を上げるため、いかにも「おばちゃん」が好きそうな企画をやりました。

ホスト企画もやりましたし、お掃除企画や安売り企画、ダイエット企画などもやりました。

しかし、なかなか視聴率は上がりません。

毎日、朝から晩まで「おばちゃんは一体、どんな企画だったら観たくなるのだろう?」と考え、夜遅くまで企画会議を続けていました。

そんなある日、会議中に構成作家の鈴木おさむさんと二人で雑談していて、ふとスマップのライブコンサートの話になりました。

おさむさんは言いました。

「スマップのライブのお客さんには、小さい女の子からおばあちゃんまで、あらゆる年代の女性がいて、たとえば木村拓哉さんがステージ上でセクシーなポーズをとったりすると、みんながキャーキャー言いながら喜んでいます。女性は何歳でも、夢見る乙女なんです！」

その言葉を聞いた瞬間、僕の脳裏に、ある言葉が浮かんだのでした。

「おばちゃんも女である！」

非常に失礼な話ですが、僕はそのときまで、F2層やF3層の「おばちゃん」たちを、どこか「女性」とは別の存在として認識していたように思います（もっとも、僕たち40代以降の男性も、女性からは「おじさん」とか「オヤジ」といった、「男性」とは異なる架空の種族だと思われているふしがありますが……）。

「何歳であろうと、女性は女性である」と頭ではわかっていながら、心の中では無意識のうちに、「ある程度の年齢で、自分にとって恋愛対象になりうる」と思える人を

「女性」、それ以外の女の人を「おばちゃん」ととらえていたのでしょう。

もしかしたら、男にとっての「女性」と「おばちゃん」の違いは、「女性」と「母親」の違いに近いといえるかもしれません。


ところが、おさむさんからスマップのファンの話を聞いて、僕は初めて「女性」と「おばちゃん」を区別していた自分に気づき、

「夢を見せるエンターテインメント＝テレビ番組は、すべての『夢見る乙女』に向けて作る必要がある」

「すべての『女性』をターゲットにしよう」

と思ったのです。

そこで僕は、急きょ男性スタッフを集め、その場で言いました。

「いいですか、みなさん！　これから大変大事な話をします！　……『おばちゃん』も女なのです！」

最初、スタッフたちはポカーンとしていましたが、細かく説明するうちに、少しずつ、僕の言わんとしていることが伝わっていったようでした。

僕はさらに、宣言しました。

「僕ら男はアホなのです。なので今から、僕ら男性全員、おばちゃんも女なんだと、あえて意識して番組を作ろう！」

すると翌日から、番組の雰囲気が、それまでとはまったく違うものになっていったのです。

固定観念を捨てることで、『金スマ』の視聴率が劇的にアップ

僕たちはまず、「おばちゃんは、若さを保つ秘訣とか、お得な情報などが好きだろう」という固定観念を捨てました。

そのうえで、「年齢を重ねた女性」がどのようなことに興味を持つのか、一生懸命に考えました。


そして出てきた答えが、「女性たちは、ほかの女性が今までどのように生きてきて、これからどう生きていきたいかを知りたいのではないか」というものです。

酸いも甘いも経験しつつ、自分の夢を叶え、いろいろな分野で活躍する女性たちの波瀾万丈《はらんばんじょう》の人生を描けば、すべての女性が興味を持つのではないか。

こうして生まれたのが、「金スマ波瀾万丈」という企画でした。

効果はすぐに表れました。

視聴率がどんどん上がっていったのです。

「金スマ波瀾万丈」はヒット企画となり、やがてビッグな方や話題の方に出演していただけるようになったことで、さらに視聴率は伸びました。

おかげで『金スマ』は大人気番組となり、今も続いています。

新しいアイデアを生み出すためには、固定観念を捨て、自分の思い込みを改めることが不可欠です。

それはもちろん、性別だけでなく、年齢や人種や宗教など、あらゆることに当てはまるはずです。

16

マーケティング情報は、
あくまでもレシピでしかない。
それをアレンジして初めて、
おもしろいアイデアが出る

現代のビジネスにおいて、マーケティングは非常に重要視されています。

たしかに、「どんなお客さんが、どんなものを求めているか」を知り、それに基づいて商品開発や販売戦略を行うのは効率がいいかもしれませんが、一方で**マーケティング情報は、誤った固定観念をつくり出すもと**にもなります。

もちろん、マーケティング情報が全面的に悪いわけではありません。

しかし、マーケティング情報を「必要十分条件」だと考え、依存しきってしまうと、ロクなことにならないのです。

ちなみに、「必要十分条件」というのは、高校の数学に出てくる定義であり、「AならばB」「BならばA」が共に成り立つとき、AはBの、BはAの必要十分条件である、といえます。

少しわかりにくいので、野球を例に挙げて説明しましょう。

まず、「ホームラン」と「点数」の関係において、「ホームランなら、常に点数が入る」と言うことはできますが、「点数が入ったなら、常にホームランである」とは言えません。

なぜなら、ホームラン以外で点数が入ることもたくさんあるからです。

この場合、「ホームラン」は（点数が入るための）十分条件であり、「点数が入ること」は（ホームランであるための）必要条件である、といいます。

一方、「点数」と「勝敗」の関係においては、「相手より点数が多ければ、常に勝つ」「勝つときは、常に相手より点数が多い」の二つが、共に成り立ちます。

この場合、「相手より点数が多い」ことと「勝つ」ことは、お互いの必要十分条件である、といいます。

では、マーケティング情報と必要十分条件について考えてみましょう。

たとえば、テレビの世界では、「○○という人気タレントが出れば、その番組は視聴率が取れる」と言われることが、よくあります。

すると、番組を作る側は、ついつい「○○という人気タレントが出ること」は「視聴率が取れる番組」の必要十分条件であると考えてしまいがちです。

だから、○○さんを出すことに、とりあえず注力してしまいます。

近年、「キャスティングありきの番組が多い」といわれるのは、そのためです。

マーケティングは言い訳の材料ではなく、考える素材

しかし実際には、「○○という人気タレントが出ること」は「視聴率が取れる番組」

の「十分条件」ではあっても、決して「必要条件」ではありません。違うタレントが出ても、視聴率が取れるかもしれないからです。

また「視聴率が取れる番組」は、「○○という人気タレントが出ること」の「必要条件」ではあっても、決して「十分条件」ではありません。○○が出ていても、視聴率が取れない場合もあるからです。

つまり、「○○という人気タレントが出ること」と「視聴率が取れる番組」は、お互いの必要十分条件ではないのです。

冷静に考えればわかりそうなものですが、多くのテレビマンは誤った思考に陥り、そこにとらわれて企画を作ってしまいがちです。

もちろん、テレビマンだけではありません。

マーケティング情報を「必要十分条件である」と思い込み、それに基づいて企画を作ってしまう人は、ほかの企業、ほかの業種にもたくさんいるでしょう。

では、なぜそのような思い込みや誤解が発生するのでしょうか？

おそらく、「マーケティング情報を必要十分条件であると思い込むことで安心できるし、企画に保険をかけられるから」ではないかと、僕は思います。

中には、わざと相手にそう誤解させることで、企画を通りやすくし、かつ失敗したときの責任を逃れようとしている確信犯的な人もいるかもしれません。

誤解させておけば、たとえ企画が失敗しても、「あれ？　おかしいな。マーケティング的には正しかったんですけどね……」と、関係各所にエクスキューズできるからです。

しかし、そんな姿勢で、おもしろくて売れるような企画など、できるわけがありません。

料理にたとえるなら、マーケティング情報はあくまでも定番のレシピのようなものです。

マーケティング情報に忠実すぎる企画は、レシピ通りに作った料理と同じ。

そんな料理ばかり出しているレストランは、魅力的じゃありません。

「まずくはないけど、どこかで食べたことがある味だな」と思われ、じきに飽きられます。

立地などが良ければ、そこそこ集客はできるかもしれませんが、ミシュランで星をもらうことはできません。

お客さんに本当に楽しんでいただくためには、定番レシピを利用しつつも、オリジナルの工夫を施した料理を提供しなければならないのです。

なお、マーケティング情報にオリジナルの味付けをするときにも、いろいろな「組み合わせ」を考えることをおすすめします。

たとえば、テレビ番組なら、ただ「視聴率が取れる」といわれているタレントを出すだけでなく、そのタレントと何を組み合わせればおもしろいことができるのかを考えるのです。

マーケティング情報に関する「必要十分条件の錯覚」を捨て去ること。

それができれば、根拠のない固定観念に縛られずに、うまくマーケティング情報をもとに活動できるようになり、結果として成功できる確率がアップするはずです。

17

マンネリも、極めれば
唯一無二の武器になる。
あれこれ手を出さず、自分の
得意分野で勝負を懸ける

これまで、「好きなこと」に既存のものを組み合わせ、新しいアイデアを生み出すことの大切さについてお話ししてきましたが、そのアイデアが採用されたり、世の中に受け入れられたりするためには、人から評価される必要があります。

せっかく生み出したアイデアも、人から認められ、仕事につながらなければ意味がありません。

では、一体どうすればアイデアが認められやすくなるのでしょうか？

答えはシンプルです。

とにかく、**「得意分野」で勝負する**よう心がけましょう。

テレビの世界では、毎年4月と10月の改編期に新番組が登場します。当たる番組もあれば、こける番組もあり、改編期はテレビマンにとって、悲喜こもごもの季節なのです。

そんな時期にスタッフ同士で会議をしていると、各テレビ局の「視聴率がそんなに芳しくなかった新番組」の敗因分析が始まることが少なくありません。

そこでよく、「うまくいかなかった番組」の敗因として挙げられたのが、**「脳内で勝手にでっち上げたマーケティング情報やターゲットの分析を、『必要十分条件』にすることだけに躍起になって、自分たちの得意な分野で勝負していない」**というものでした。

その分析が当たっているかどうかはともかく、「得意分野で勝負しないせいで失敗する」ケースは、テレビ業界のみならず、ほかの業界においても結構起こっているのではないかと、僕は思います。

あなたではなく、お客さんが気持ちいいかどうかが一番重要

なぜ得意分野で勝負しない人が多いのでしょうか？
ここでは、僕の昔の体験をもとに考えてみたいと思います。

若手時代、新番組の企画書を提出した僕に、上司はこう言いました。

「この企画書って、A分野じゃん。でも俺が思うに、お前が得意なのはB分野だろ！どうしてA分野の企画書を持ってくるの？　お前はB分野で考えた方が、絶対におもしろいのに！」

さらに上司は付け加えました。

「企画が通るかどうかは、『その人に任せられるか』という信用性に大きく左右される。まずは、お前が自信を持って取り組める得意分野で、企画書を書いてこい！」

たしかに、そのとき提出した企画はA分野のものでした。

今まで自分がやったことがない分野ではありましたが、何度も会議を重ね、さまざまな分析を加え、何より、一番自分がやりたいと思っていた内容だったのです。

一方、僕が得意とするのは、今までさんざんやったことがあり、会議や分析などしなくても簡単に作れるB分野でした。

しかし、正直なところ、僕はB分野にはすっかり飽きていました。

また、新しい番組を始めるとき、テレビマンなら誰でも、今までやったことのない新しいことがしたいという気持ちが働きます。

「自分はこんなことをやっているけれど、本当はもっと違うこともできるんだ！」と自分で思いたいし、周りにも認めさせたいのです。

得意分野で勝負しない人の心の中には、おそらくこうした「得意分野に対する飽き」や「周りに自分を認めさせたい」という欲があるのではないかと思います。

でも、分野を超越した天才でない限り、あるいはビギナーズラックに恵まれない限り、得意分野以外で最初からうまくいくことは稀《まれ》です。

番組や商品として成立させるノウハウを持っていないため、失敗する確率の方が断然高いといえるでしょう。

あなたのアイデアに対する評価を決めるのは、テレビであれば視聴者、商品であれば、お客さんです。

彼らにしてみれば、**あなたが自分をどう思わせたいか、その分野に飽きているかどうかなど、関係ありません。**

とにかく、いい番組を観たり、いい商品を手に入れたりすることができればよいのです。

ですから、**企画を作るときには、やみくもに新しい分野に手を出すのではなく、「得意分野で勝負する」**ことをおすすめします。

勝手のわからない分野で恐る恐る作ったものより、得意な分野で自信を持って作ったものの方が、より多くのお客さんに喜ばれるからです。

とにかく、得意分野にこだわり続けること。

それが成功への近道なのです。

ただし、得意分野をベースにしつつ、少しずつ枝葉を伸ばしていくのは、もちろん「あり」です。

お客さんの反応を見ながら、「自分の得意分野」という定番のレシピをマイナーチェンジし、新しい味付けを加えていくわけです。

その試みは、得意分野を飽きずに極めていくうえでも、得意分野の幅を広げるうえでも、きっと役に立つはずです。

自分の可能性を見極めれば、企画は実現しやすくなる

ベテランの大御所アーティストの楽曲を聴いていると、「いつも同じような曲ばかり作っているなあ」「マンネリだなあ」と感じることが少なくありません。

しかし見方を変えると、「マンネリ」だからこそ、アーティストとして生き残り、

「大御所」と呼ばれるまでに至ったのだと考えることもできます。

かつて、ストーンズを敬愛する故・忌野清志郎さんが、雑誌のインタビューで「どの曲も同じに聞こえる、ローリング・ストーンズって最高！」と答えていました。

ストーンズも清志郎さんも、「マンネリ」だからこそ、偉大でかっこいいのです！

やりたいことをやり続けているのであれば、マンネリでもＯＫなのです。

ネガティブな印象がありますが、調べてみると、「マンネリ」という言葉は、「芸術や文学、演劇などの型にはまった手法や様式、態度への強い固執」などを意味する英語「mannerism（マンネリズム）」の略だそうです。

そして「mannerism」は、「決まりきったクセや作風」を表す「manner（マナー）」から生まれた言葉です。

そもそもは、どこにもネガティブな要素はなかったわけです。

ですから、**得意分野で勝負するなら、マンネリを恐れてはいけない**のです。

すでにお話ししたように、僕も若いころは、「自分の能力は無限であり、自分の前には無限の可能性が広がっている」と信じ、マンネリを馬鹿にしていました。

しかし、年齢と経験を重ねるうちに、やれることとやれないことがわかり、能力にも可能性にも限界があると気づくようになりました。

最近では、「自分の能力も可能性も、等身大のサイズでしかない」と認識していますが、それでよいのだと思います。

今、僕は、企画を立てるときには**「等身大の能力で、等身大の可能性に挑戦する」**ことを心がけています。

でも、マンネリを否定し、無限の可能性を信じていたころより、今の方が、いろいろな企画が実現しそうな気がしています。

第２章のまとめ

「好きなこと」から無限にアイデアを生み出すには

▼

ひらめきに頼らず、「好きなこと」と、既存のことの組み合わせで考える。

成功するアイデアを生み出すためには

▼

固定観念にとらわれず、売れているもの、他人がおもしろいと言ったものに、とにかく興味を持つ。

第3章

伝え方一つで、「ダメ」なアイデアも「いい」アイデアに変わる

18

「好きなこと」から生まれた
アイデアの魅力を、
しっかりと伝える。
それができれば、人も情報も
お金も、自然に集まってくる

「好きなことだけやって生きていく」ためには、「アイデアの生み出し方」だけでなく、「アイデアの伝え方」を身につける必要があります。

「好きなこと」をもとに素晴らしいアイデアが生まれたとしても、その魅力を周りの人や世の中の人に伝えることができなければ、実現させたりヒットさせたりするのは難しいからです。

一人の力でできることなど、高が知れています。

アイデアを実現させるためには周りの人の協力が不可欠ですが、何がいいのかよくわからないアイデアのために、時間と労力、ときにはお金を費やしてくれる人は、なかなかいません。

逆に、**伝え方が良ければ、以前、上司やクライアントから「ダメ！」と言われた企画が、「いいね！」と言われることは十分にあり得ます。**

また、仮にアイデアが形になったとしても、魅力が伝わらなければ、お客さんはお金を出してはくれないでしょう。

伝え方こそがアイデアの実現の可否を決め、成功するかどうかを決めるといっても、過言ではないのです。

伝え方がうまい人は、情報を引き寄せる力を持っている

さらに言えば、**伝え方がうまい人には、おもしろいことを引き寄せる力がある**ように思います。

たいていの人は、話のおもしろい人が好きです。

何を言っているのかわからない人のところに意見を聞きに行く人も、あまりいない

でしょう。

だからこそ、伝え方がうまい人のところには、いろいろな人が相談しに来たり、雑談をしに来たり、SNSなどで意見を求めに来たりします。

そして知らず知らずのうちに、情報が集まってくるのです。

逆に、**伝え方があまりうまくない人は、おもしろい情報、役に立つ情報が入ってくる機会を失っている可能性があります。**

おそらく、みなさんの中には、コミュニケーションが得意な人も、そうでない人もいらっしゃると思いますが、ここからは、「コミュニケーションが苦手な人でも、きちんと伝える」ことができるようになるためのテクニックを、いくつかご紹介したいと思います。

19

人の評価の8割は第一印象で決まる。会話の評価の8割は第一声で決まる

それでは、伝え方のテクニックについて、具体的にお話ししましょう。

まず一つ目のポイントは、「一言目から、はっきり滑舌よくしゃべる」ことです。

「そんな簡単なことでいいの？」と思われるかもしれませんが、実はこれは、かなり難しいことなのです。

人が何かを説明するとき、自信がなかったり、相手が目上の方だったりすると、ついい、ごにょごにょと話し始めてしまうことが多いからです。

もちろん、話しているうちに相手や場の空気に慣れ、ペースをつかみ、徐々に、はきはきと話せるようになる場合もあります。

しかし、**話の最初の部分をうまく伝えられないと、相手の理解力が格段に悪くなってしまう**のです。

たとえば、あなたが「昨日、○○さんと食事をして、すごい話を聞きました」と言ったとき、相手に冒頭の「○○さん」の名前が伝わらなかったとしましょう。
○○さんの話の内容がどんなにすごいものだったとしても、そもそも誰の話かわからないため、相手は終始、ややもやした気持ちを引きずることになるでしょう。

会話というのは、大体、主語が頭に来ます。

ですから、**第一声が小さかったら、主語がわからなくなってしまいます。**

誰の話なのか、何の話なのかという根幹の部分を相手にしっかりと理解してもらい、ストレスを感じずに話を聞いてもらうためにも、話し始めは意識して、はっきり言うよう心がけてみてください。

第一声が、あなたのアイデアの質を決める

また、よく「第一印象が人の評価の8割を決める」といわれますが、会話やプレゼ

ンなどにおいても、**第一声が評価の８割を決めてしまいます。**

第一声が小さかったり、不明瞭だったりすると、相手は「この人、自信ないのかな」「考えがまとまっていないのかな」と思ってしまいます。

最初にそのような印象を持たれてしまうと、「本当に、この人や、この人の言っていることは大丈夫なのだろうか？」とうがった見方をされてしまい、せっかくそのあとで企画やアイデアについて熱弁を振るっても、魅力が割り引かれて伝わってしまう危険性があります。

逆に、**第一声をはっきりと滑舌よく話せれば、相手は最初から話の内容をしっかり理解しながら聞けますし、「自信がありそう」「いい企画かもしれない」といった印象を与えることもできる**のです。

20

聞き手を会話の「お客さん」
ではなく「当事者」にする。
そのために、あえてツッコミ
どころをつくっておく

人に何かを伝える際、ある方法を使えば、あなたの言いたいことや考えていることが、相手の頭の中に自然とインプットされるようになります。

その方法とは、**「相手に、あなたとの会話を『自分ごと』だと思わせる」**というものです。

僕はもともとおしゃべりで、押し出しも強い方ですが、人に何かを説明するときは特に前のめりになり、熱く、早口でまくしたてるように話してしまいがちです。

すると、情報量が多すぎるため、相手が戸惑ってしまい、本当に伝えたいことが伝わらないことが多いのです。

さしずめ、自分勝手な一人芝居を、延々と見せている感じでしょうか。

相手を魅了するような話し方ができる人なら、それでもいいでしょうが、そこまで話術にたけている人はなかなかいないでしょう。

このように、発言者側が**「何かを伝えたい」と強く思っているとき、会話はどうしても、発言者＝主役、聞き手＝お客さんとなってしまいがち**です。

そこで心がけたいのが、「お客さんとなっている聞き手を舞台に上げること」です。

舞台に上がれば、それまで「お客さん」だった聞き手も、「役者」として、会話に積極的に参加せざるを得なくなります。

その結果、あなたの話している内容が、相手の心に、より届きやすくなるのです。

わざと突拍子もないことを言って、相手に突っ込ませる

聞き手を「舞台に上げる」方法として、まず紹介したいのが、「あえてオーバーに言う」テクニックです。

就職試験の面接を例に挙げて、説明しましょう。

マスコミの就職試験では、成績が良くても落ちる人が結構います。

よくいるのが、「面接官の質問に、真面目に答えすぎてしまう人」です。

理解力がある人ほど、このパターンに陥りがちです。

「こう言えば、相手はこう思うのではないか」「こう言えば、こう突っ込まれるのではないか」と勝手に忖度《そんたく》してしまうのです。

こういう人は、「なぜわが社を受けたのですか？」という質問に対し、「僕はマスコミ志望で……」と本音の部分のみを正直に答えます。

「嘘を言ってはいけない」という思いが働くのかもしれませんが、このような回答を聞いた面接官は「そりゃマスコミ志望の人以外は来ないだろう。何を当たり前のことを言っているんだ？」と思ってしまいます。

では、どうしたらよいのでしょうか？

このような場合には、**あえてオーバーに言った方が相手の印象に残ります。**

たとえば「僕はテレビが好きで、その中でも特にＴＢＳが大好きです！　僕はこれまでの人生で、ＴＢＳしか観たことありません！」くらいの発言をしてみるのです。

きっと面接官は、いぶかしげな表情を浮かべるか、もう少しノリが良ければ「いやいや、それはウソでしょ！」とツッコミを入れてくるでしょう。

そうしたら、「少しオーバーでしたね！」と答えたうえで、すかさず「しかし、数あるＴＶ局の中でも、○○な御社で働きたいと思う気持ちは本当です」と述べればいいのです。

あえてオーバーに言って、突っ込ませるスキをつくると、相手は会話に参加せざるを得なくなります。

そこで、一番キモになる思いを伝えると、ただ一方的に話すよりも、伝えた内容が相手に残りやすいのです。

相手の言われたくないことを言って、興味をそそる

聞き手を「舞台に上げる」方法は、ほかにもあります。

「相手の気持ちを、あえて逆なでする」テクニックです。

こちらは、「あえてオーバーに言う」テクニックよりは少し高度かもしれません。

僕がＴＢＳの就職試験を受けたときのこと。

面接官に「ＴＢＳをどう思いますか？」と質問された僕は、「業界第３位だと思います」と答えました。

面接官はもちろんＴＢＳの社員ですから、そんなことを言われたら、少なからずカ

チンときます。

しかし、あえて相手の気持ちを逆なでしたうえで、僕はこう続けました。

「ところが、僕が入ると、TBSは業界第1位になるんです！」

そして、なぜ僕が入社すると第1位になるのか、そのロジックを説明したのです。

相手は、何人もの学生たちの面接をしており、会社におもねるような、ありきたりの回答は聞き飽きています。

そこでいきなり、気持ちを逆なでされるようなことを言われると、腹を立てながらも「なんだ、こいつは」と興味を持たざるを得なくなります。

このテクニックを社内プレゼンに用いるなら、たとえば最初に「わが社の弱点は◯

○です」と、ネガティブな情報を口にします。

それから、「その弱点を補うのが××です」とプレゼンしたい内容を提示し、説明すると、相手の頭の中に、内容が強くインプットされるはずです。

もちろん、**相手の気持ちを逆なでした後、それを完璧にフォローし、プラスに持っていけるだけの材料とロジックは必要**ですが、自信を持って伝えられる内容があるなら、より強い印象を与え、より深く理解してもらうために、このテクニックを使うのは「あり」だと思います。

21

あなたのキャラクターも
会話の一部。
意外性やギャップを利用して、
相手の興味をひく工夫を

同じことを話しても、言葉の選び方や口調、そして話し手が代われば、印象は大きく変わります。

たとえば、あなたの周りに、セクハラぎりぎりの発言をしても許されている人はいませんか？

ほかの人が言えば「セクハラ発言」として大問題になりそうなことでも、平気で言ってのける。

そして言われた方も、そこまで嫌な顔をしていない。

ずいぶん不公平な感じがしますが、そこには**話し手のキャラクター、つまり、見た目や性格、それまでの言動やイメージなどが大いに関係しています。**

初対面の人に会ったとき、多くの人は見た目や学歴、会社、肩書といった断片的な情報をもとに、相手のキャラクターをパターン化し、イメージをつくり上げます。

おそらくみなさんも、たとえば銀行マンに対しては「真面目そう」、営業マンに対しては「押しが強そう」といった印象を抱くでしょうし、みなさんも周りの人から何らかのイメージを持たれているはずです。


そして、この**「相手が自分に対して抱いているイメージ」をうまく利用**すれば、会話に興味を持ってもらうことが可能です。


相手が初めて会う人であれば、まず肩書などから、自分がどう思われるかを想像しましょう。

社内の人など、ある程度知っている相手なら、自分がどう思われているのかを、しっかり確認します。

そのうえで、**イメージとは真逆のことを言って、相手の興味をひく**のです。

たとえば、僕がテレビ局の面接をもう一度受けるなら、「どんな番組を作りたいのですか？」という質問に対し、「エッチな番組を作りたいです」と答えます。

僕は東大出身、しかも世界史専攻なので、おそらく真面目で堅いイメージを持たれるはずです。

だからこそ、その対極にある「エッチ」と組み合わせ、意外性を狙うのです。

「東大」「世界史」と「エッチな番組」との間には、かなりギャップがあります。

そのため、**相手に驚きを与え、会話の内容や自分自身を、ほかの人よりも強く印象づけることができる**のです。

あなたは今、自分がどのようなイメージを持たれていると思いますか？

そのイメージと何を組み合わせれば、ギャップが生まれると思いますか？

22

相手を気持ちよくさせられるかどうか。
それが、伝え方がうまいかどうかの分かれ目になる

「伝え方のうまい人には、おもしろい情報を引き寄せる力がある」とお話ししましたが、**「伝え方のうまい人」は「相手を気持ちよくさせる会話ができる人」である、**ともいえます。

誰だって、話していて不愉快な人に、良い情報を提供しようとは思わないからです。

なお、僕が今までに出会った人の中で、「相手を気持ちよくさせる会話」が抜群にうまい人がいます。

明石家さんまさんです。

さんまさんの会話の特徴は、「常に二言多い」点にあります。

一言ではなく、二言多いのです。

僕は昔から比較的口が立つ方で、子どものころ、妹とケンカするたびに言葉でやり込め、揚げ句の果てに泣かしていました。

それを見た父が言ったものです。

「お前はいつも一言多いな。二言多かったら落語家になれるのにな」と。

当時の僕には、その言葉の意味がわからず、「一言と二言の違いって何だよ！」と、よく父に食ってかかったものです。


しかし、それから20年近く経ち、『さんまのスーパーからくりTV』でさんまさんと一緒に仕事をするようになって、ようやく「二言多い」の意味がわかるようになりました。


さんまさんは、テレビのイメージ通り、本当におしゃべりです。

本番収録中だけではなく、楽屋に入ってからも、ずーっとしゃべっています。

そして必ず「二言多い」のですが、それが彼の笑いを生んでいるのです。

他局ですが、かつてさんまさんが司会を務め、一般の女性たちと恋をテーマにトークをする『恋のから騒ぎ』（日本テレビ）という深夜番組がありました。

その中でさんまさんは、出演者の女性たちのエピソードを聞きながら、ボロクソに悪口を言います。

「まったく男にだらしがないなあ」「そのセンスのない服はあかんやろ」「性格キツイわ！」

しかし、さんざん悪口を言ったあとで、決まってこう付け足すのです。

「そんなにかわいいのに」

この**二言目が足されることで、それまでのどんな悪口も一瞬で帳消しになり、むしろ彼女たちの魅力を引き立てる褒め言葉になる**のです。

言われた本人はもちろん、そばで聞いている人たちも、悪い気がしません。
笑いを生みつつ、その場がいい雰囲気になります。
その雰囲気の良さが、電波に乗って視聴者にも届いていたからこそ、『恋のから騒ぎ』はヒットしたのでしょう。

「一言多い」は、相手のダメなところを一方向から指摘するもので、ただの「文句」にすぎません。

その指摘を超え、反転して褒めるところまで持っていける言葉を、まったく違う方向から提示する。

それが、「二言多い」ということであると、さんまさんに教えられたのでした。

相手をムッとさせ、会話に引き寄せてから、褒める。

落差が大きい分、褒められたという感情は、より強くなります。

「～なのに」という言い方も絶妙です。

あくまでも「自分の感想である」という雰囲気を出すことで、押しつけ感がなくなりますし、「自分が、その相手に対して興味を持っている」という印象を与えることもできます。

これが、「そんなにかわいいのに」ではなく「そんなにかわいいんだからさ」だと、どこか「注意している」ようなニュアンスが含まれるため、このセリフの魅力が半減してしまうでしょう。

考えれば考えるほど、絶妙。

さすが、さんまさんです。

相手を気持ちよくさせるなら、ホラも大事

『明石家さんちゃんねる』という番組の「さんまの美女探し会社訪問」という企画で、さんまさんと一緒に、ある有名飲料メーカーにロケに行ったことがあります。

ちなみに、その企画は、有名企業の社内を回りながら、美人女性社員を紹介するというものでした。

男女問わず、多くの視聴者は、美人にも、ほかの会社の内部にも興味がありますし、撮影協力してくれる会社にとってはＰＲになります。

まさに一石三鳥の人気企画でした。

さて、その飲料メーカーでは、社長が直々にご出演くださり、さんまさんとトーク

をすることになりました。

そのトーク中に、社長は謙遜《けんそん》気味にこう言ったのです。

「うちは、業界シェア第４位ですから……」

この一言で、周りにいた社員の方々も自嘲気味な雰囲気になりました。

すると、さんまさんはすかさず、こう切り返したのです。


「でも、味は宇宙一でっしゃろ！」


社内は一気に笑いに包まれました。

さんまさんは、場の空気を一瞬で変えたのです。


「味が宇宙一かどうか」なんて、測りようがありません。

それこそ、当代一のホラ吹き男、さんまさん流の「ホラ」です。

しかし、「宇宙一」という言葉のチョイスには、ただの「ホラ」にとどまらない、さんまさん流の温かみを感じます。

おそらくさんまさんは、次のようなメッセージを込めていたのではないでしょうか。
「あなたの会社の従業員は、みんな自分たちの商品にプライドを持って、それこそ宇宙一の味だと信じて、日々仕事に励んでいるんでしょ！　それなら、日本国内でのランキングなんて、小さい！　小さい！　全然、関係あらへんがな」と。

僕は、相手の気持ちを高揚させる、このような会話にこそ、コミュニケーションの本当の価値があると思います。

相手の言葉にかぶせつつ、相手をさらにいい気分にさせてしまう。

これができる人が、本当に頭のいい人なのではないでしょうか。

さんまさんのような気の利いたセリフを言えるようになるのは、なかなか難しいかもしれませんが、彼の発言にはある共通点があります。

「常に相手の気持ちになって考えている」のです。

相手の気持ちになり、「こう言われると喜ぶだろうな」と思ったことを、二言目に付け足したり、会話の返しに使ったりしているわけです。

普段の会話で、僕たちはつい、自分の伝えたいことばかり言ってしまいがちです。

「これ、お得なんですよ」と、一見相手に利益のあるような発言をしていても、実は相手にとってはまったくお得ではなく、発言者にとってだけお得であるということも、よくあります。

「伝えたい」という欲望や感情を一度脇に置いて、伝えられる側のことを考えてから発言する。

そう意識するだけで、相手への伝わり方がずいぶん変わるのではないかと思います。

23

あなたの「想い」を、
いかに世の中に広げるか。
それこそが「好きなことだけ
やって生きていく」鍵になる

「相手のことを考えて伝える」のは、非常に大事なことです。

それができれば、話している相手の気分を良くするだけでなく、自分のアイデアや想いを世の中に広く伝えることもできるからです。


ただ、どう伝えれば、アイデアや想いがパブリックなものになるのか。

逆に、どう伝えれば、プライベートなもので終わってしまうのか。

この二つの違いがわからず、僕は長年悩んでいました。


ところが先日、『ほぼ日刊イトイ新聞』に糸井重里さんが書かれていた、映画『君の名は。』についての文章を読んで、長年のモヤモヤがすっきりと晴れました。

糸井さんはオリジナリティあふれる視点で、あの素晴らしい映画を的確に評していました。

こんなことを言うと「後出しジャンケンだ」と笑われそうですが、実は僕も『君の名は。』を観て、糸井さんが書いているのと同じような感想を抱き、それをブログに書いたり、ツイッターでつぶやいたりしていました。

しかし、糸井さんの文章と僕の文章には、明確な差がありました。同じようなことを書いているはずなのに、なぜ他者への伝わり方が違うのか。読み比べてみて、ハッと気づきました。

糸井重里さんの文章は、完全にパブリックなものでした。プライベートな自分の想いを綴っていながら、他人も共感できるパブリックな文章に仕上がっているのです。

一方で、僕の文章は、あくまでもプライベートなものでした。

自分の想いを、自分にしかわからないように書いているのです。

それでは人に、僕の想いは伝わりません。


糸井さんのお仕事であるコピーライターは、プライベートな感想をパブリックなイメージへと昇華させるものであり、そんな人の文章と比べるのはおこがましいのですが、両者の違いに、僕は愕然《がくぜん》としました。


プライベートな想いはその人のオリジナリティであり、とても重要です。

しかし、**「パブリックにする」という作業を経なければ、それは他者に見せる「コンテンツ」にはなり得ません。**

「プライベートな想いをパブリックにする」ことは、**自分の頭の中のオリジナリティを相手に伝えるためにも、他者を見据えて何かを生み出すためにも、大事なこと**なのです。

そういえば、漫画『宇宙兄弟』など数多くのヒットを出した編集者であり、株式会社「コルク」の代表でもある佐渡島庸平さんは、以前、「編集者としての自分の使命は、作者の頭の中をパブリッシュ（出版）することである」と語っていました。

それを聞いたときは、ふつうに「なるほど」としか思わなかったのですが、今になってみれば、彼の言葉のすごさがわかります。

作者の考えが、どんなに独創的で素晴らしくても、パブリッシュ（出版）しない限り、パブリック（公衆）にはなりません。

なお、語源を調べたところ、パブリッシュ（publish）とパブリック（public）は同源でした。

［publ］には、「人々」という意味があるのです。

テレビ番組であれ、文学であれ、音楽であれ、演劇であれ、アートであれ、コンテンツを生み出すときに重要なのは、「作り手がメジャーかマイナーか」ではありません。「そのコンテンツが、パブリックかプライベートか」です。

マイナーな作り手の作品であっても、そのコンテンツがパブリックなものであれば、必ず人の共感を呼び起こし、世の中に広がって、メジャーになっていきます。

では、パブリックとプライベートの違いは、どこにあるのでしょうか？

僕は、**「作り手のプライベートが、他人のプライベートになりうるか」が大きな分岐点だ**と思います。

受け手側に伝わってこそ、プライベートはパブリックになりますが、そのためには、作り手が受け手のことを考えているかどうかが鍵となります。

たとえば、「悲しい」という思いを伝えたいとき。

作り手としては、本当は「愛犬が死んだ」ことに悲しみを感じたとしても、その気持ちは、ペットを飼っていない人には、なかなか伝わりません。

受け手のことを考えれば、「大切な人を失った悲しみ」という形に置き換えた方が、より多くの人に共感されるようになり、パブリックなものになりやすいといえます。

パブリック化されると、プライベートにも価値が生まれる

しかし、**パブリック化されていない、完全にプライベートな作品にも、決して価値がないわけではありません。**

僕が尊敬する東京画廊のオーナーである山本豊津さんは、新進の画家を育てるとき、何枚も絵を描かせて「ダメ出し」を繰り返すそうです。

新人の画家が描く絵は、初めのうちは自分の想いが凝り固まったものが多く、技術的には素晴らしくても、人に「欲しい」という気持ちを起こさせないため、なかなか買い手がつきません。

豊津さんはそれを、「閉じた絵」と呼んでいます。

ところが、ずっと根気よく描かせていると、ある段階から突然、画家たちが「開《ひら》いた絵」を描き始めるそうです。

つまり、プライベートな絵しか描けなかった画家が、パブリックな絵を描けるようになるわけです。

すると、その画家の絵に買い手がつくようになり、やがてメジャーな画家に育っていきます。

そして、画家がメジャーになると、「閉じた絵」にも価値が生まれ、売れるようになります。

価値の反転が起こるのです。

ピカソの「青の時代」の絵も同様です。

ピカソのキュビズムがパブリックになって全世界に衝撃を与え、ピカソがメジャーになったからこそ、彼のマイナーな時代のプライベートな絵にも価値が出たのです。

つまり、「その人が**パブリックな存在として価値を持つようになれば、それまで価値がなかったその人のプライベートにも価値が出る**」のです。

ちなみに、僕は若いころ、バラエティ番組作りの師匠ともいえる方から、次のような言葉を聞いたことがあります。

「まず、ゴールデンでメジャー番組をヒットさせたら、深夜でいくらでもマイナーな好きな番組をやれるよ」

おそらく師匠は、「視聴率を取るために、メジャーなことをやれ」と言っていたのではなく、「お前の生み出す番組が高視聴率を取り、プライベートからパブリックになったとき、お前のプライベートにも価値が生まれるんだよ！」と教えてくれたのではないかと思っています。

24

企画やアイデアには、まず
タイトルやキャッチフレーズを。
それがチームをまとめる
旗印になる

どんなに優れた企画やアイデアを思いついたとしても、一人の力でやれることには限界があります。

あなたが**「好きなことだけやって生きていく」ためには、周りの人たちの協力が不可欠**なのです。

チームで一丸となって企画やアイデアを形にしていく際、ぜひおすすめしたいのが、**「キャッチフレーズをつけ、チームでシェアする」**という方法です。

忙しく、同時に何本もの企画に関わっていると、つい「今、考えなきゃいけないのは何の企画だっけ？」「次の会議は、何の企画についてだっけ？」「この企画は、そもそも何が目的だっけ？」と混乱してしまうことがあります。

そんなときに、パッと内容を思い出せるようなキャッチフレーズがあると、頭をスムーズに切り替えることができます。

また、何らかの目的を達成したいとき、「自分に暗示をかける」という方法が非常に効果的です。

チームで仕事を行う場合も、**キャッチフレーズに達成したい目的を入れ込み、メンバー間で共有することによって、手っ取り早く自分たちに暗示をかけることができます。**

こうした目的に沿っていれば、キャッチフレーズは何でもかまいません。

ただ、「一軒、一軒丁寧に回り、販売成績をアップさせよう！」といった長いキャッチフレーズだと、口にしづらく、内容を思い出すにも時間がかかります。

「販売成績10倍プロジェクト！」など、パッと思い起こせるものがいいでしょう。

キャッチフレーズ自体ですべてを語らなくても、会議の様子やメンバー間のやりとりが、イメージとして想起されればよいのです。

タイトルは仕事の道しるべ。最初に決めた方が効率的

なお、企画やプロジェクトのタイトルは、最高のキャッチフレーズです。
中身以上に重要といってもいいでしょう。

「タイトルを決めるのは面倒くさい」「そんなものに時間を使うより、実際に手を動かした方がいい」と作業だけ進め、最後にバタバタとタイトルを決める……。
おそらくみなさんも、そんな経験をしたことがあるでしょう。

たしかに、最初の段階でタイトルを決めるのに時間を使うより、先にやれることをやってしまった方が、プロジェクトが進んでいる感じがします。

しかし僕は、**タイトルは最初に決めた方がいいと思っています。**

中身はしばしば、タイトルに引っ張られます。

また、タイトルを精査する段階で、中身もしっかり精査されていきます。

タイトルがあいまいなうちは、中身もあいまいなため、無駄な作業が多くなってしまう可能性が高いのです。


もちろん、最初に決めるタイトルは正式なものでなくていいし、ダサくても、キャッチーでなくてもかまいません。

ただ、その企画やプロジェクトの方向性、ゴールが明確にわかるものにしましょう。

タイトルは、チームメンバーへのメッセージ

また、タイトルは、商品やコンテンツの受け手への、そしてチームのメンバーへの強いメッセージでもあります。

ここで、僕がプロデューサーを務めた『オトナの！』という番組を例に、タイトルのつけ方や果たす役割を説明しましょう。

ちなみに『オトナの！』は、２０１２年から２０１６年まで放送された、いとうせいこうさん、ユースケ・サンタマリアさん司会のバラエティ番組です。

番組タイトルは、どういう番組なのかを端的に知ってもらうためにつけるものであり、視聴者の方への、最も強力で、最も短く、最もわかりやすいメッセージです。

ですから、『オトナの！』というタイトルには、まず「視聴者のみなさんに、オトナの出てくる番組なんだろうなと想像してほしい」という想いがこもっています。

しかし、タイトルに込めたメッセージは、視聴者にだけ向けているわけではありません。

スタッフやゲストの方にも、番組テーマを訴えているのです。

『オトナの！』は、ゲストを交えてのトーク番組ですが、ここでいう「オトナ」は、単なる年齢的な「大人」を指しているわけではありません。

ゲストの方々の生き方、仕事ぶり、言動に、オトナとしてのカッコよさを感じられるかが大きなポイントでした。

だからこそ「オトナ！」で終わらず、「の」をつけて、いろいろな言葉が続く感じにしたのです。

「オトナの生き方」「オトナの仕事」などを語るトーク番組であることを表すと同時に、こうした条件を無意識に共有したうえで、スタッフにゲストをキャスティングしてほしい……。

このタイトルには、そんな期待もこもっていたのです。

複数の人間で一つの仕事をするとき、全員の意思が同じ方向を向いているかどうかは非常に大事です。

スタッフミーティングなどで、細かくコンセプトを説明することもありますが、タイトルに**番組のコンセプトや目的などを織り込んだ方が、手っ取り早く意思を統一することができます。**

そうすれば、スタッフ一人ひとりが自信を持って動くことができ、結束力も高まるのです。

25

相手の気をひくおもしろい文章を書く。そのために「模写」と「ツイッター」を利用する

これまで、主に「会話によって自分の想いを伝えるテクニック」についてお話ししてきました。

しかし、思いついたアイデアや企画を文章で表現することもあるでしょうし、それらの魅力を文章で誰かに伝えなければならないときもあるでしょう。

また、**近年、SNSの普及などにより、文章で自分の想いを伝える場面が増えているように**感じます。

録音でもしない限り、会話はどんどん通り過ぎて消えていきますが、文字は形になって残ります。

もしかしたら、何度も読み返せる文章こそ、相手の興味をひけるように、より気を遣って、おもしろく書かなければならないのかもしれません。

そこで、ここでは、角田流の「おもしろい文章が書けるようになるコツ」をお教えします。

おもしろい文章を書くためのコツの一つは、**「気に入った文章を模写すること」**です。

作家さんの中にも、修業時代に模写をしたという方がたくさんいます。

浅田次郎さんも、若いころは、川端康成さんなどの小説を一生懸命書き写していたそうです。

「この文章はおもしろい」「読んでいて心地いい」と思ったものがあれば、小説でもエッセイでもかまいませんから、ノートなどに書き写しましょう。

まずは、自分が「好きだ」と思う文章から始めてよいですし、新たな発見を与えてくれたり、記憶にとどめておきたいと思ったりした言葉や文章を模写するのです。

模写をすると、ただ読むよりも、時間をかけてじっくりとその文章に向き合うことができます。

その**文章のリズムや内容、著者の言いたいことなどが、脳に刻まれやすい**のです。

そして回を重ねるうちに、「文章はこう書けばよいのだ」という感覚が身についてくるはずです。

また、文章が脳に刻まれれば、ふとしたときに思い出し、「ここぞ」という場面で引用として使えるかもしれません。

──つぶやきをつなげることが、長文を書く練習になる

もう一つ、オリジナルな文章を書けるようになるためのコツは、**「ツイッターで、日々思ったこと、おもしろかったことなどをつぶやくこと」**です。

一つのツイートでつぶやけるのは、140字。
長文を書くのが苦手な人でも、140字なら書けます。
そして、**二つ以上つぶやいたら、それらをつなげてみる**のです。
つなげるときには、それぞれのつぶやきに共通項がないか、考えてみてください。

たとえば、「今日、話題のアイスを買って食べた。今までにない味で、おいしかった」「楽しみにしていたバラエティ番組を観たけど、ありきたりの展開で、つまらなかった」というつぶやきをしたとします。

この二つには、何らかの行動によって感情が揺れ、「おいしい」もしくは「つまらない」と一見異なった両極端な感情に見えますが、「あなたの頭の中で思ったこと」という共通点があります。

その**共通点が何かを考え、そこを軸にツイートをつなげる**と、次のような文章が出来上がります。

「今日、話題のパフェを食べたら、今までにない味で本当においしかった。気分よく帰ってきて、楽しみにしていたバラエティ番組を観たけど、ありきたりの内容でつまらなかった。やっぱり、人は新鮮さに魅力を感じるんだろうな」

つなげるツイートの数を増やしていくと、どんどん長文を書けるようになりますし、出来上がったものは、きっと、あなたにしか書けないオリジナルな文章になっているはずです。

ツイートとツイートの内容が異なれば異なるほど、文章はおもしろくなります。みなさんもぜひ、試してみてください。

26

メンバー同士の距離が近いほど、
チームの力はアップする。
デジタルに頼らず、アナログの
コミュニケーションを

インターネットの発達により、僕たちは全世界の人と、瞬時につながることができるようになりました。

コミュニケーションに、距離が関係なくなったのです。

僕たちは距離という制限を超えて、「仲間」をつくることができるようになりました。

少し前まで、僕は「このような時代で、組織をつくる必要があるのだろうか？」と思っていました。

これからは、一人ひとりが個別にコミュニケーションをとり、信用を交換し合ってビジネスを行い、生きていく。

大きなプロジェクトを行うときは、同じ価値観を共有する者同士がその瞬間だけ集まってグループを形成し、目的を達したら解散する。

僕は未来の社会に対し、そんなアメーバ状のイメージを持っていたのです。

そして、

「これからは、組織にまとまる必要がないのではないか？」

「組織が要らないのではないか？」

「つまり、個人の時代だ」

と考え、「自分を実験台にして、確かめたい」と思うようになりました。

それが、僕が会社という組織を飛び出した理由の一つでもあるのです。

――誰とどこでもつながれるネット社会でも、人との距離は近い方がいい

しかし、いざ自分が実験台になってみて、わかったことがありました。

結論から言うと、**「距離」はやっぱり大事だったのです。**

特に、番組を作るなど、チームで一つのことを成し遂げようとするときには、コミュニケーションや信用をネットを通して交換するだけでは、うまくいかないことを実感しました。

以前、『さんまのスーパーからくりＴＶ』と『金スマ』、二つの番組を掛け持ちしていたことがあります。

当初、二つの番組のスタッフルームはすぐ近くにあり、僕は掛け持ちで、両方の番組をうまく回していました。

ところがあるとき、社内の引っ越しにより、スタッフルームが離れることになったのです。

そのため、僕は何時から何時までは『金スマ』に席を置き、それ以外は『からくりTV』に……といった具合に、居場所を分けるしかなくなりました。

すると、だんだん長くいる方の番組にコミットすることが多くなり、もう一方の番組との関わりは徐々に薄くなっていきました。

そして結局、一方の担当を外れることになったのです。

僕自身は、両方の番組の会議に参加していましたし、きちんとコミュニケーションをとっているつもりでしたが、それでも「距離」ができてしまったわけです。

アナログのコミュニケーションがクオリティを高める

現在は組織を離れながらも、いろいろなスタッフとネットでコミュニケーションをとって活動していますが、正直、組織内で距離が近かったときより、成果物のプロデュース・クオリティが下がっているような気がしてなりません。

僕らは今、ネットでも電話でも、コミュニケーションをとることができます。

しかし、**コミュニケーションの本質である「事実を知る」ということに関しては、デジタルよりもアナログのコミュニケーションの方が圧倒的に優れています。**

なぜなら、**コミュニケーションの本質は「相手に伝えたくないことも伝わること」**だからです。

LINEやメールでは、自分の伝えたいことしか伝えることができません。

一方、アナログのコミュニケーションだと、伝えたくないことも伝わります。

たとえば、「仕事は終わっているか？」とメールやLINEで聞くと、相手はどんなに「やばい」と思っていても、「大丈夫です」と返してきます。

ところが、実際に会ってみると、「大丈夫です」と言いながら、顔色や雰囲気で、「本当は大丈夫じゃない」というのが、それとなくわかります。

ですから、距離が近いことは、やはり大事なのです。

それに、物理的に近くにいれば、わざわざコミュニケーションをとろうとしなくても、挨拶したり、おつまみを食べたり、昨日観た映画の話をしたり、なんとなく相手とコミュニケーションをとることができます。

離れた場所にいる者同士が、そうした「何気ないコミュニケーション」をとるのは、遠距離恋愛でうまくいっている恋人ならともかく、ビジネスにおける人間関係ではなかなか難しいことなのです。

距離があると、伝えたいことがあるときにしか、コミュニケーションをとろうとしません。

物理的に距離があると、コミュニケーションにも距離が発生し、インプットとアウトプットが少なくなっていきます。

やがて連携が悪くなっていき、結局、うまくいかなくなる……。

そのようなことを僕は体感したのでした。

今、「体感」と書きましたが、**コミュニケーションをとるというのは、相手を実際に「体感」するということです。**

そして、それこそが、本来あるべき「信用の交換」なのかもしれません。

情報革命により、僕らは距離を気にせず、自分の情報をネットで交換し合えるようになりました。

しかし、だからこそ**身体で、情報以上のものをリアルに実感することが、これからさらに必要になっていく**のではないでしょうか。

27

会議で発言しないのは、車の
助手席で寝ているようなもの。
本気さが伝わらなければ、
人の気持ちは動かせない

仕事におけるアナログなコミュニケーションの最も重要なものが、人と人とがダイレクトにコミュニケーションする「会議」です。

TBS時代、ADをディレクターに昇格させるかどうかを決める際、**僕は「会議で寝ていないかどうか」を判断基準の一つにしていました。**

これは一体どういうことなのか、車にたとえて説明しましょう。

車の助手席にいると、ついつい寝てしまうことがありますよね。

でも、運転席にいると、いくら眠くても寝るわけにはいきません。

寝たら事故を起こしてしまうからです。

同じように、会議室の席にも、「運転席」と「助手席」があります。

運転席に座っているのは、議論の中心に立って動かしていく人。

助手席に座っているのは、発言もせず傍観し、ただ相槌を打っているだけの人です。

そして、「助手席」に座っている人は、寝てしまうことが少なくありません。徹夜続きで疲れているとか、仕方のない場合もありますが、基本的には会議を「他人ごと」だと思っているからです。

「運転席」に座り、「自分ごと」だと思って主体的に参加していれば、たとえ眠くなっても、寝てしまうことはないはずです。

つまり、**どんなことでも「自分ごと」にできる人であるかどうかを、僕は「会議で寝るか寝ないか」で判断していた**のです。

もちろん、ただ眠らなければいいというわけではありません。

よく会議で、何もしゃべらず真剣に頷いて、真面目さをアピールする人がいます。つまらなそうに聞いている人よりも、真面目に聞いている人の方がいいに決まっていますが、それだけでは十分ではありません。

こういう人は、車の例でたとえると、「助手席に座り、頑張って寝なかった人」です。

もちろん、運転している人にとって、それはそれでありがたいことですが、できれば代わりに運転してくれた方が嬉しいですよね。

車を運転するには免許が必要ですが、会議での発言に免許は要りません。

「自分なんかが発言するなんて、おこがましい」などと考える必要はありません。

もしあなたが、**「会議で何を話したらいいかわからない」と思っているなら、疑問をぶつけてみたり、「それはつまり、こういうことですか？」と、誰かの発言を自分なりに要約してみたりしましょう。**

それがきっかけで、議論が深まることもありますし、自分の勘違いや疑問を解消することもできます。

会議の場で言えないような想いは伝わらない

また、会議の場ではまったく発言をしなかったのに、会議が終わってから、個別に「実は、あのときは言えなかったのですが……」と言ってくる人がいます。

「会議の場で発言すると波風を立ててしまうので、この場では黙っておこう」という判断をしたのでしょうが、最も大事な場でそんな判断をする人からは本気さが感じられません。

日本人は本音と建前を分けがちです。

しかし、謝るときは「切腹します」と言って止められるくらい、本気で謝る。怒るときは、自分が怒っていることがしっかり伝わるぐらい、本気で怒る。

そうした本気さこそが、相手に気持ちを伝えるときに一番大切であり、これからの情報社会において、ますます大事になっていくのではないでしょうか。

会議は、本気で気持ちをぶつけ合う場です。

ゲームセット後の意見になど、誰も耳を貸しません。

「相手に何かを本当に伝えたい」と思ったら、大事な局面で、ピュアに伝えるしかありません。

「売り上げを伸ばしたい」でも「視聴率を取りたい」でもいい。

強い想いが結果として相手に伝わってこそ、成功への道が開けるのです。

会議で突拍子もないことを言って、多少、恥をかいてもかまいません。

車の運転だって、失敗を重ねてうまくなっていくのですから。

第３章のまとめ

あなたのアイデアをうまく伝える方法

- 第一声をはっきりと滑舌よく話す。
- 相手をしゃべらせ、会話に参加させる工夫を。
- 自分が何を話したいかではなく、相手が何を話されると喜ぶかを考える。
- アナログのコミュニケーションを大切にする。

第4章

「うまくいかないときにどうするか」が、好きなことをし続けられるかを決める

28

創造は、この世で一番の快楽をもたらしてくれる。それが「好きなことだけをやって生きる」べき理由

章の冒頭から過激な発言になってしまって申し訳ありませんが、僕は数年前から、言ってみれば「精神的インポ」です（肉体的にインポかどうかは、内緒です）。

異性の性的なビジュアルを見てドキドキしないわけでもありませんし、それほど異性に興味がないわけでもありませんが（といって、同性に興味があるわけではなく）、何というか、そうしたことへの根本的な欲求がなくなってしまったのです。

「歳のせいかな」と思っていたのですが、コンテンツを作ったり、文章を書いたりしているうちに、気づいたことがあります。

実は、僕には今、**異性とのセックス、つまり「男性と女性の結合」よりも気持ちいいと感じることがあります。**

それは、「フリとオチ」の接合、セックスなのです。

創造のセックスは、肉体的なセックスよりも気持ちがいい

「フリとオチ」の接合の気持ちよさを自覚したのは、5年前、映画『げんげ』の監督をしているときでした。

映画を作る際、脚本家の方と相談してストーリーの大まかな流れが決まると、実際の映像に仕立てるために、いろいろな設定を決めていきます。

その映画はとにかく時間がない中で作ったため、ドランクドラゴンの塚地武雅さんが演じた主人公のキャラクター設定とか、取り巻く環境（ロケ現場）なども事前に決め込むことができず、「こんなキャラクターで行こう！」とか「この主人公の職場に使う建物は、このロケハンで見つけた漁協の建物で！」とか、かなり即興で、あまり深く考えずに適当に決めた物事がたくさんありました。

そしてバタバタと撮影を終え、数日後、撮影した映像をシーンごとに編集しているとき、僕はあることに気づきました。

現場で偶然に任せ、適当に決めたにもかかわらず、物語の核心部分に触れていたり、ストーリーの根幹に関わっていたりすることが、かなり多かったのです。

たとえば、主人公の職場を漁協の建物に決めたのは、古びていて渋くて「いい画《え》」になると思ったことと、ロケの段取り的に、たまたま移動しやすい場所にあったからでした。

ところが、編集していくうちに、「職場が漁協にあるのは、実は職場の上司（社長）と漁協との間に昔から関係があるからで、それがこの事件が起こった原因だったのだ！」とストーリー展開の上で重要な設定になっていったのです。

非常に安易に決めたことが、その作品の根幹に関わる部分をつくるポイントとなったわけです。

それも事後的に。

つまり、作品の中で事件のきっかけである物事の「フリ」が、しかも偶然思いついただけの「フリ」が、結局、作品のクライマックスで話の核心に触れる謎解きの部分＝「オチ」と、ずっぽりハマってしまったのです！

そのハマり具合とフィット感があまりにも完璧で、僕はこのとき、たまらなくエクスタシーを、究極の快感を覚えたのでした。

頭で考えたフリではなく、たまたま天から落ちてきた、それも**些細**《ささい》**なフリが、作品の根幹であるオチと、ずっぽり合体する。**

この瞬間の興奮と絶頂感は、異性とのセックスでの快感を超えていました。

フリとオチのセックスの方が、結合したときの絶頂感は大きかったのです！

そのことに気づいてから……いや、本当は以前からそうだったのかもしれませんが、（テレビでも文章でも）作品を作っているとき、前段のフリと核心のオチとの偶然かつ完璧な合体が、しょっちゅうやってくるようになりました。

いきなりあちこちで、フリとオチのセックスが始まるのです。

「そうか、この書き出し（フリ）は、この結論（オチ）のために書いていたのか？」といった具合に、事後的に合体に気づいた瞬間は、ものすごい快感を覚えます。

おかげさまでかなり好評な拙著『最速で身につく世界史』も、世界史の本でありながら、その絶頂を何度も経験して書き上がったものなのです。

いや、むしろ、この世界史の本が好評なのは、著者の絶頂感が（無意識のうちに）随所にあふれてしまっているからかもしれない、とも思っています。

気持ちのいい経験が、未来への活力を生む

この、作り手が作品を生み出す過程のセックスは、かなりクセになります！

しかも、異性とのセックスには、男性器と女性器の組み合わせしかありませんが（いや、それは僕の性的テクニックが未熟だからかもしれませんが）、フリとオチの結合パターンには無限大のパターンがあります。

だからこそ、**もっともっと欲しくなる。**

その欲望こそが、未来への活力となります。

脳内の知的好奇心や知的探究心がくすぐられるような、さまざまな要素の無限大のパターンの組み合わせから、神様が天から落としてくれた珠玉の結合を垣間見るその瞬間、あなたはとてつもないエクスタシーを感じるはずです。

それはまさに、**肉体的セックスを凌駕《りょうが》する知的好奇心のセックス**なのです。

この快感を知ってからというもの、僕は、本書の文章にしても、テレビドラマの脚本にしても、今考えている小説にしても、フリをあえて適当に決めています。

それから、つらつらと書き進めていきます。

これは、セックスで言うと、前戯のようなものです。

どんどん進んでいくと、そのフリがベストな形で結合するオチが、いきなりやってきます！

オチと合体すると、つまり文章というセックスが絶頂に達すると、作品が誕生するのです。

そして僕は、**すべての作り手は、このセックス、このエクスタシーを経験しているのではないかと思っています。**

三谷幸喜さんの舞台や、宮藤官九郎さんのドラマ、村上春樹さんの小説、岡村靖幸さんの音楽、浦沢直樹さんの漫画、第89回アカデミー賞6部門を受賞した『ラ・ラ・ランド』のデミアン・チャゼル監督の映画、サルバドール・ダリのシュール・レアリスムの絵画……。

これらはみな、フリとオチが、ずばっとハマっています。

観客側の僕らでも、のけぞってしまうくらいの完璧なセックスを見せられると、「作り手自身が、そのセックスの快楽に溺れていないない」なんて想像できないのです。

先に挙げたような、尊敬すべき作り手のみなさんが優れた作品を量産できるのは、「心が知的好奇心のセックスの快感を忘れられず、どんどん追い求めてしまう」という、ある意味ゲスな理由からかもしれません。

作る過程はどんなにつらくても、失敗しても、その快楽が待っていると思うからこそ頑張れる。

「好きなことだけやって生きていく」ということは、「フリとオチの気持ちいいことをやり続ける」ということでもあるのです。

29

成功している人は、
最短の道を選ぶ。
でも必ず一つのことに
手間隙をかけている

入社2年目のAD時代、心が折れて3カ月ぐらい会社を休んだことがあります。

その体験から、僕は「適度な仕事量」というものを学ぶことができました。

あの3カ月がなかったら、今の自分はないと思います。

死ないで、この世界に戻ってこられたプロセスが、いい勉強になったのです。

さらっと言っていますが、当時はとにかく忙しく、毎日が修羅場でした。

会社を何度も辞めようと思いましたし、さぼったり、脱走を企てたりしたこともあります。

そのたびに、実家に帰ると、父からは必ず「まずは3年続けてみろ！」と言われました。

僕はいつも、「何を言っているんだ。こんなことを3年続けていたら、死んじゃうよ！」と嘆いていました。

でも、父は預言者でした。

3年経つと、「辞めたい」が「辞めない」に変わっていったのです。

もちろん、「辞めたい」という気持ちはくすぶっていたのですが、一方で「もし、この仕事を辞めて、別の仕事に就いたら、またその仕事で、ぺーぺーからやり直しか。ならば、もうちょっと耐えてディレクターになっちゃった方が早いぞ」という思いが心の中に生まれるようになりました。

3年経ったころには、見える景色が変わってくる

今の僕には、父の「まずは3年続けてみろ!」の真意がよくわかります。

同じ場所にいる間、同じ状態がずっと続くわけではありません。

時間が経てば、経験が増え、成長し、実績も積み重なっていきます。
同じところに3年いれば、3年分、ペーペーではなくなります。
すると、ペーペーのときにはわからなかったことが、見えてくるようになります。
一年目の僕には、それがわからなかったし、想像もつかなかったのです。

「ペーペーのときにはわからなかった『何か』を身につけるまで、同じ場所で一つのことを続ける」というのは、それだけで立派な勉強だといえます。

ですから、もし最初のうち、なかなか「好きなことだけやって生きていく」ことができなかったとしても、休みを入れながらしばらくは我慢して、続けてみてください。

きっと**3年経つころには、「好きなことだけやって生きていける」きっかけが見つかるかも**しれませんから。

30

すぐに手を動かしたくなる
気持ちを抑え、
ミッションの目的を考える。
それだけで、失敗は減る

「失敗は成功のもと」と、よくいわれます。

もちろん、この言葉には一片の真実がありますが、誰だって失敗して怒られたくはありません。

「好きなこと」をやっているなら、なおさら、その思いは強いはずです。

しかし失敗しないよう、どんなに一生懸命努めても、失敗してしまうことはありません。

僕自身、星の数ほど失敗を重ねてきましたし、他人の失敗もたくさん見てきました。

そんな中で、一つ気づいたことがあります。

それは、「**物事の本質を理解しないまま作業をすると、失敗する**」ということです。

何が目的で、そのモノが作られたのか、そのミッションが与えられたのか、といったことを、しっかり理解するのは、とても大事なことなのです。

たとえば、忙しいときに、上司から「この文章とこの文章をまとめておいて」というミッションが出たとします。

そのミッションを受けた人は、とりあえず「文章の通りが良くなるように」ということだけを考え、二つの文章をコピペしながらつなげていくでしょう。

すると、いくら文章的にはうまくまとまったとしても、「うーん、なんか違うんだよな……」という結果になってしまいがちです。

こうしたミッションを受けたとき、まずやらなければならないことは、「どういう意図でまとめるのか？」「なぜ、まとめる必要があるのか？」といった、ミッションの目的、最適なゴールを考えることです。

忙しいからといって、道がわからないまま走りだしても、ゴールにはたどり着けません。

忙しいときこそ、すぐに作業を始めずに、ミッションの目的やゴールを考えるのです。

もし考えてもわからなければ、誰かに聞きましょう。

その方がやり直しになる確率も低く、最短でゴールに向かうことができるはずです。

「遠回りをしてみることが、結果的に一番の近道になる」と僕は思うのです。

物事の本質を見抜くのが苦手な人が多いからこそ、チャンス

「まず物事の本質を理解し、それからスタートする」

言葉にすれば簡単ですが、それが苦手な人は少なくありません。

数年前、僕は「ヴァーチャル・リアリティ」（V・R）の研究をしている工業大学の准教授の話を聞く機会を得ました。

「V・Rのメカニズムを使うと、実際には触れていなくても、人肌に触れている感覚が再現できる」など、研究の内容について具体的に教えていただき、それももちろんおもしろかったのですが、そのとき、准教授がポロッとおっしゃった次の一言が、とても印象的でした。

「V・Rって、『仮想現実』と訳されるじゃないですか。でも、それは誤訳なんです」

そもそも「ヴァーチャル」（virtual）という単語は、「仮想」という意味ではなく、「事実上の」「本質上の」「実質上の」といった意味だそうです。

つまり、「ヴァーチャル・リアリティ」は、本当は「実質上の現実」という意味になり、「仮想現実」とは正反対になってしまいます。

僕はそれまで、「ヴァーチャル・リアリティというのは、その場に行かずに（そのものの自体に触れずに）体験することだ」と勝手に思い込んでいましたが、まったくその本質をわかっていませんでした。

たとえば、先ほどの「人肌」の例で言うと、研究者はまず「人肌の『ヴァーチャル＝実質』とは、いったい何なのか？」という観点から考えるそうです。

そして「人肌として適度な温度」や「心臓から届く適度な鼓動」などの実質的な要素を解析し、それを技術的に再現して組み合わせたものが、人肌のヴァーチャル・リアリティ技術になるらしいのです。

仮想現実ととらえるか、実質上の現実ととらえるかで、ずいぶんとV・Rの活かし方、利用の仕方も違ってくるように思います。

なお、洋画の邦題を見ていると、その映画の本質ではなく、表面的な部分だけをとらえて、あるいは雰囲気だけでタイトルをつけている、と感じることが結構あります。

ほかにも、「**本質を理解しないまま、仮想的に独りよがりの思い込みで作業している**」ケースは、方々で見受けられます。

もしかしたら、**日本人はその勤勉さゆえに、すぐに作業に走りがちで、物事の本質を見抜くのが苦手**なのかもしれません。

だからこそ、まずは**物事の本質を理解することを考えるだけで、チャンスがたくさん手に入る**のではないでしょうか。

31

人からの評価は
移ろいやすいもの。
あなたの本当の価値を
決めるのは、あなた自身

あなたが「好きなこと」をやって評価を積み上げ、会社の中で「かけがえのない存在」、つまり**ナンバーワンの存在もしくはオンリーワンの存在であると周りから思われるようになったとしても、その地位が一瞬にして崩れ去ることがあります。**

それは、ときにはあなたの能力や資質に関係なく起こります。

あなた自身に落ち度はなくても、たとえば部下が失敗したり、取引先が倒産したりして大きな損失が発生し、責任を取らされることもあるでしょう。

そうした不測の事態に対し、どのような心構えをしておくべきなのでしょうか？

その答えを明かす前に、まず「かけがえのない存在」とはどういう存在なのかについて、お話ししておきたいと思います。

「自分が担当していた職務が、組織替えなどの理由で突然変わったり、なくなったりしてしまう」というのは、どの企業でもよくあることです。

組織運営にとって、そうした新陳代謝はもちろん必要ですが、その職務に力を注いでいた個人としては、たまったものではありません。

多くの人は、自分が仕事に全身全霊を捧げ、手に入れたポジションは、自分だけのものであり、誰も代わりになれない「かけがえのないもの」だと思っているからです。

しかし実際には、**組織はさらっと個人からそのポジションを奪い、ほかの誰かに与えることがあります。**

会社にとって、社員は「かけがえのない存在」ではない

僕自身、今まで、いろいろな番組の立ち上げと終了を経験してきました。

自分のポジションを後輩に奪われたこともあります。

組織の中では、個人は決して「かけがえのない存在」にはなれません。

なぜなら、ある人間が病気で欠勤したとしても、違う人が代わりに入り、その部署が正常に機能するようにしておかなければ、活動が止まってしまうからです。

どんな立場の人間でも同様です。

「今の社長がいなくなったら、会社はもう終わりだ」といった状況に陥るのを避けるため、たとえ今の社長に何かあっても、すぐに代わりを立て、会社が維持できるようにしておく。

それが、組織の正しいあり方です。

僕は、会社を２０１６年に辞めました。

そこにはおそらく、「かけがえのない存在」になりたい、という気持ちもあったのだと思います。

「かけがえのない存在」になれば、その分、リスクや責任も背負うことになりますが、それを受け入れる覚悟で外に出たのです。

独立したからといって、「かけがえのない」ものになれるわけではない

しかし、退職した後、あるきっかけにより、そんな考えが大きく変わりました。

翻訳について語られている、村上春樹さんと柴田元幸さんの共著『翻訳夜話』（文春新書）を読んだところ、村上さんの発言の中に、まさに、この「かけがえ」に関する部分があったのです。

「僕が言いたいのは、非常に不思議なことで、僕もまだ自分の中でよく説明できないんですけど、『自分がかけがえのある人間かどうか』という命題があるわけです。（中略）会社はかけがえのない人に来られると困っちゃうわけです。誰かが急にいなくなって、それで（会社が）潰れちゃうと大変だから。その対極にあるのが小説家なわけです」

この部分を読んで、まず思ったのは、「だから村上さんは小説家をやっているんだ」「自分の名前で勝負し、『かけがえのない存在』として生きておられるのだな」ということでした。

ところが、話はまったく違いました。

村上さんは、小説家としての自分も「かけがえのない存在ではない」と言うのです。

自分は、たしかに取り換え可能な存在ではないかもしれないが、自分が死んでも、日本の文学界が混乱を来《きた》すわけではない、と。

「心が崩れる音がした」という表現がありますが、この部分を読み、理解した瞬間、本当に音が聞こえたような気がしました。

ガラガラ、と。

「かけがえのない存在」になりたくて会社を出た自分って、一体……。

組織を出て、自分の名前で勝負することは、実は組織の中にいたとき以上に、取り換え可能な、「かけがえのある存在」になることだったのです。

村上春樹さんは偉大な作家ですが、ご本人が言うように、彼がいなくなったとしても、おそらくほかの作家の小説が読まれるだけでしょう。

芸能人にしても、ミュージシャンにしても、同様です。

その人がいなくなれば、別の誰かがテレビに登場し、別の誰かの音楽が聴かれるようになるだけなのです。

組織の中にいても、組織の外で個人の名前で生きていても、人は「かけがえのない存在」には、なれません。

――自分の中に「かけがえのないもの」がなければ、「かけがえのないもの」にはなれない

では、「かけがえのない存在」とは何でしょうか？

この問いに対して、村上さんは、きちんと答えを用意してくれていました。

「でもね、僕が翻訳をやっているときは、自分がかけがえがないと感じるのね、不思議に。だって翻訳者こそ、いくらでもかけがえがあるみたいな気がしますよね。でも、

そのときはそうじゃないんだよね。（中略）結局、厳然たるテキストがあって、読者がいて、間に仲介者である僕がいるという、その三位一体みたいな世界があるんですよ。僕以外にカーヴァーを訳せる人がいっぱいいるし、あるいは僕以外にフィッツジェラルドを訳せる人もいる。しかし僕が訳すようには訳せないはずだと、そう確信する瞬間があるんです。かけがえがないというふうに、自分では感じちゃうんですよね。一種の幻想なんだけど」

この文章を読んだとき、「組織の中か外か」にこだわっていた自分の考えの無意味さに気づかされました。

結局、自分がやっている行いが、自分のためであっても、周りのためであっても、自分自身がそれを「かけがえのないもの」だと感じなければ、それは「かけがえのあるもの」にすぎません。

最後に「幻想なんだけど」と付け足していますが、「翻訳」こそ、村上さんにとって「かけがえのないもの」だと思えるものなのでしょう。

そして、そんな「かけがえのないもの」があるから、彼は「かけがえのある」小説家という仕事に、しっかり向き合うことができるのだろうと思うのです。

結局人は「自分にとってかけがえのないものは何か？」を自分で考えて決めなければ、「かけがえのない存在」にはなれません。

会社勤めをしていても、会社を辞めても「これは自分の強みだ」と思えるものができたとき、あなたは本当の意味で「かけがえのない存在」になれるのです。

32

企業より個人の方が
信頼される時代。
SNSをうまく使って
自分の価値を高める

近年、SNSの浸透により、「会社における個人のあり方」は大きく変わったように思います。

先日、漫画『宇宙兄弟』などの編集者であり、株式会社「コルク」の代表でもある佐渡島庸平さんと対談したとき、佐渡島さんは「**ネット空間上では、企業より個人の方が信頼度（クレジット）が上である**」とおっしゃっていました。

この言葉は、まさに目からウロコでした。

みなさんも、普段ネットを使うときのことを思い返してみてください。

ブログやツイッターですすめられているモノやコトで、「あ、いいな！　自分も買ってみたい！」「自分もやってみたい！」と思うのは、たいてい、自分が信頼している個人が「オススメ」（リコメンド）しているときではないでしょうか。

企業が「オススメ」していても、広告だと思って、あまり信用しない。

会社ではなく、個人をアピールする

つまりネット上では、**公式性の担保のある企業より、一定以上の個人情報を公開して発言している人の方がクレジットが高い**ことがあるのです。

これまで、大多数のサラリーマンにおいては、個人のクレジットより、その人が所属している組織、つまり企業名や出身学校の学歴などのクレジットが個人のクレジットよりも上でした。

しかし、ネット空間上では違うのです。

今まではクレジットを会社が担保していたため、個を隠して仕事をすることができましたが、**SNSが浸透し、個の時代へと移っていく中で、今後必ず、自分自身のク**

レジットを積み上げ、仕事をしていくことが必要になります。

僕はよく、「どうすれば、この商品がテレビに取り上げられるようになりますか」といった質問を受けるのですが、そんなときは必ず「あなたが有名になった方が早い」と答えます。

「それを作っている人のユニークさ」とか、その人のキャラクターをネット上で発信した方が、信頼性が高いからです。

そして、ＳＮＳが浸透した今、有名になることは、以前よりも難しいことではなくなってきています。

「あなたという人」がおもしろそうだから、あなたの「好きなこと」に協力しよう。

ＳＮＳに記名で発信していれば、今後、そんな人たちも現れるのではないかと思います。

33

一つだけでいい。「好きなことだけやって生きていく」ために「若さ」以外の武器を身につける

僕が22年間、会社で働いてみて気づいたのは、「人間、いいところや強みが一つだけあれば、それでいい」ということです。

というより、「人間は、いいところを一つしか持てないのではないか」と思うのです。

「性格がいい」でも、「口がうまい」でも、「手先が器用」でも、「○○に詳しい」でも、「努力家」でも、何でもいい。

何か一つ持っていれば、それが「個性」＝オリジナリティとなり、社会において、自分の一番の価値になります。

これから情報革命が起こり、いろいろな仕事をＡＩが肩代わりするようになると、**「個性」という価値を持たない人は不要になってしまいます。**

ただ、その「いいところ」や「強み」が「若さ」に起因していないことが大事です。

「永久に衰えない力」は何かを考える

若いときは、いろいろな仕事がやってきます。

それを「実力があるから」と勘違いしてしまう人もいますが、若い人の方が頼みやすいから仕事が回ってくるのです。

また、若い人には体力もあるため、それなりに無茶な仕事もこなせます。


しかし、そんなときに注意してほしいのが、**「若さ」をあなたの一番の強みにしてはいけない**、ということです。

なぜなら、「若さ」がなくなると仕事を頼まれにくくなり、体力が減っていけば、仕事の量でも勝負できなくなるからです。

「若さ」を失った途端、あなたの強みはなくなってしまうのです。

容姿の美しさも、若いうちは強みになるかもしれませんが、多くの場合、年齢を重ねるうちに、徐々に価値を失っていくので、一つだけでも「若さ」に起因しない強みを持つ必要があるのです。


まず、自分の個性（**いいところ、強み**）**は何かを見つける努力をしましょう。**

そして、自分の強みを見つけたら、そこに関わる能力を徹底的に磨けばいいのです。

苦手なものより、得意なものの方が、より磨きやすいはずです。


そうやって磨き抜いたものは、あなたが自分のことを「かけがえのない存在」だと思えるようになるうえで、強力な武器になるでしょう。

あるいは、もしあなたを取り巻く環境が変化し、あなたに対する評価が変わっても、「自分は『好きなこと』を続けていける」という自信をもたらしてくれるでしょう。

34

成功できる人とできない人には、明確な差がある。その差をしっかりと認識し、成功者の真似をする

僕は長年、テレビの現場で、芸能界にデビューしたい人のオーディションや面接などをたくさん行ってきました。

オーディションで実際に会い、話を聞いたり、パフォーマンスを見せてもらったり、過去の作品を見せていただいたりすると、優秀な方もかなり多いのです。

ですが、その人たちが必ずしも、世に出てヒットしているわけではありません。

「この人たちは才能があるのに、なぜ開花していないのか？」

そんな疑問を抱きながら眺めていると、名前が世に出て成功している芸人や俳優、アーティストと、ヒットしていない人との間には、タレントとしての能力以前に大きな差があることに気がついたのです。

成功する人と成功していない人には、七つの大きな違いがある

成功していない人には、次の七つの共通点があります。

①出会いを無駄にする。
②理由をつけて、すぐに諦める。
③他人の目を気にしすぎる。
④こだわるポイントが的外れである。
⑤テクニック論に走る。
⑥自分の善悪の基準で、物事を判断する。
⑦「私は違う」と、すぐに言う。

では、一つひとつ解説していきましょう。

①出会いを無駄にする。
成功していない人は、一つひとつの出会いを大事にせず、疎《おろそ》かにしがちです。

大成功している人であればあるほど、デビュー当時から、**一つひとつの出会いを大切にし、関係性を長く続けています。**

②理由をつけて、すぐに諦める。
成功していない人は、物事をやめるのが得意です。

すぐ理由をつけて、物事をやめてしまいます。

でも、**成功している人は、「うまくいかないな」「大変だな」と思っても、ある程度の期間、継続して努力できる人**が多いです。

ＰＰＡＰのピコ太郎のプロデューサーである古坂大魔王さんだって、ずっと同じような音楽芸を続けてきた結果、大成功を収めたのです。

③他人の目を気にしすぎる。

妙に他人の目を気にする人も、成功しません。

「まだ誰も、あなたに注目していませんよ」という段階から、妙に人目を気にするのです。

逆に、成功する人は、**「もう少し他人の目を気にした方がいいのでは」と、こちらが心配になるぐらい大胆に、芸を他人の前で披露します。**

④こだわるポイントが的外れである。

成功していない人ほど、妙なところにこだわります。

まだ売れていないのに、給料面や売れ方にこだわりすぎる人。

そういう人も成功しません。

成功する人は、**自分が本当に大事にしている表現以外のことは、信頼して周りに任せている人が多い**です。

⑤テクニック論に走る。

成功していない人ほど、お客さんに関係のないテクニックを極めたがります。

成功している人は、技術は手段の一つにすぎないと考え、**あらゆる方向から目的を達成しようとします。**

⑥自分の善悪の基準で、物事を判断する。

業界に貢献する前から、「○○は業界にとって良くない」「視聴者のためにならない」などと言い、妙な正義感を振りかざす人は、成功しないことが多いです。

成功している人は、**自分の善悪の基準とは別に、仕事相手や受け取る側の基準をよく観察し、それに合わせています。**

⑦「私は違う」と、すぐに言う。

成功していない人ほど、どこかで自分を特別だと思っています。

つまり、他人の失敗を見ても、「自分だけは例外だ」と思い込んでいるのです。

成功している人は、**本当に大事な一部のことを除いては、他人のアドバイスに素直に従う人が多いです。**

いかがでしょうか。

以上の七つは、僕がタレントさんと接して感じたことですが、ビジネスで成功している方とお会いしても、いつも同様の感想を持ちます。

堀江貴文さんなどは、普段の言動が激しいため、たとえば「⑥なんて、絶対に当てはまるだろう」などと思われがちです。

しかし、実際にお会いしてみると、すごく考え方が柔軟で、むしろ他人にめちゃくちゃ気を遣う方だと感じます。

この七つは、どんな場面においても、成功するうえで必要なことではないかと思うのです。

「好きなことだけやって生きていく」ためには、「好きなこと」で成功することが必須です。

つまり、この七つの条件は、「好きなことだけやって生きていく」ために必要な条件である、ともいえるのかもしれません。

第4章のまとめ

好きなことを続けていくためには

・創造で得られる快楽に溺れてみる。

・「かけがえのない存在」になれるような強みを見つける。

・SNSで自分のキャラクターを発信する。

・とりあえず3年続けてみる。

・成功者の真似をしてみる。

いろいろなことに興味を持って、好きなことを増やす。

▼

「好きなこと」と既存のものを組み合わせ、アイデアを生み出す。

▼

アイデアをうまくプレゼンして、仕事にする。

▼

「好きなこと」を仕事にし続ける。

▼

好きなことだけやって生きていける。

――「好きなこと」を仕事にしないと生きていけない時代がやってくる

「好きなことを仕事にする方法」

本書も似たような感じのタイトルですが、こんな切り口のネット記事や書籍、テレビ番組の企画をよく見かけます。

多くの人が「好きなことを仕事にしたい」と思っているのです。

それは、**裏を返せば、今「好きでもない仕事」をしている人が多い**ということを意味しています。

好きでもないことをし、我慢してお金をもらって生活している。

そういう気持ちで働いている人が、たくさんいるのだと思います。

しかし、そんな時代は間もなく終わります。

これからは、「好きなことを仕事にしたい」ではなく、「好きなことを仕事にするしかない」時代に変わっていきます。

極端な話、「好きなこと」を仕事にしないと、あなたの仕事がなくなる時代が来るのです。

これは、すさまじい変化です。

今までは「好きなこと」がなくても生きていける社会システムでしたが、それは間もなく崩壊します。

「好きなこと」を仕事にしていないと、生き残れなくなるのです。

なぜなら、機械技術、特にＡＩ（人工知能）技術の飛躍的な発展により、「好きではない」仕事そのものがなくなるからです。

野村総合研究所が2015年12月2日に発表したリリースによると、10〜20年後に、日本の労働人口の約49%が就いている職業が、AIやロボットなどで代替することが可能になるそうです。

約二人に一人が職を失う危険性のある未来が、すぐそこまで来ているのです。

やりたくないと思っている仕事から、なくなっていく

そして、新しい時代では、人々がやりたくない仕事から機械化されていきます。

人間が「やりたい」と思っている仕事は、やる気を持って取り組む分、効率がいい

ですし、仕事をしていく中で、さらに新しい発想や、より効率化できる方法を生み出せる可能性も高いでしょう。

一方で、「やりたくない」と思いながら仕事をすると、当然、効率は悪くなります。時間が経つほどに、それは顕著に表れてきます。

しかし、機械には、「やりたくない」「面倒くさい」というような感情はありません。淡々と黙々と、長時間にわたって仕事をこなしてくれます。

つまり、「好きでもない仕事」を人間に代わってやってくれる機械ができれば、その方が何倍も効率が良くなるのです。

ですから、当然、**やりたくない仕事から機械化されていきます。**

２０１８年は明治維新から１５０年目にあたりますが、**今、明治維新以上の変革が訪れようとしています。**

黒船到来を契機に西欧文明と対峙《たいじ》することで、２５０年近く続いていた江戸幕府が揺らぎ、日本のシステムにさまざまな変革が起こりました。

そんな19世紀中頃と、今の状況は、非常に似ているのではないでしょうか。

なお、現代において黒船にあたるのが、機械技術、特に情報技術の革命的な進歩。ビッグデータ、ＡＩ、ＩｏＴ（モノのインターネット）といった情報革命が起こったことにより、莫大な情報を人間が操れるようになりました。

さらに、機械はその情報を活かして自らミスを修正したり、情報を組み合わせて自分でモノを生み出したりしています。

人間にしかできないと思われたことが、日々、機械でできるようになっています。

明治維新により、武士という職業を含め多くの仕事がなくなったように、さまざまな仕事が、これからどんどん失われていくことでしょう。
変革の早さ、衝撃は明治維新の比ではありませんし、今でも想像以上に、加速度的に技術は発達しています。
数年を待たずに、その未来がやってくる可能性も十分に考えられます。

だからこそ、今すぐ「好きなことやって生きていく」方法を考える必要があるのです。

本書を読んで、一人でも多くの方が「好きなことだけやって生きていきたい」と思い、そのための行動を開始してくださるよう、心から願っています。
これが僕の提案です。

2017年7月1日

角田　陽一郎

「好きなことだけやって生きていく」という提案

発行日　2017年8月 3日　第1刷
発行日　2017年8月21日　第3刷

著者　角田陽一郎

本書プロジェクトチーム
企画・編集統括　柿内尚文
編集担当　小林英史、中村悟志
デザイン　小口翔平＋山之口正和＋岩永香穂（tobufune）
編集協力　村本篤信、安藤政弘
校正　荒井順子
DTP　廣瀬梨江
営業統括　丸山敏生
営業担当　増尾友裕
営業　熊切絵理、石井耕平、伊藤玲奈、戸田友里恵、甲斐萌里、大原桂子、綱脇愛、川西花苗、寺内未来子、櫻井恵子、吉村寿美子、田邊曜子、矢橋寛子、大村かおり、高垣真美、高垣知子、柏原由美、菊山清佳
プロモーション　山田美恵、浦野稚加

編集　舘瑞恵、栗田亘、辺土名悟、奈良岡崇子、村上芳子、加藤紳一郎、及川和彦
編集総務　千田真由、髙山紗耶子、高橋美幸
講演・マネジメント事業　斎藤和佳、高間裕子
メディア開発　池田剛
マネジメント　坂下毅
発行人　高橋克佳

発行所　株式会社アスコム

〒105-0003
東京都港区西新橋2-23-1　3東洋海事ビル
編集部　TEL：03-5425-6627
営業部　TEL：03-5425-6626　FAX：03-5425-6770

印刷・製本　中央精版印刷株式会社

Printed in Japan ISBN 978-4-7762-0936-2

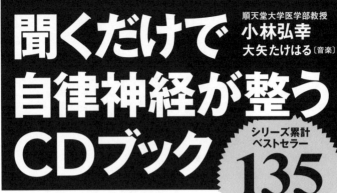

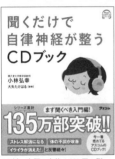

「好きなことだけやって
生きていく」という提案

の電子版がスマホ、タブレット
などで読めます！

本書をご購入いただいた方はもれなく本書の電子版がスマホ、タブレット、パソコンで読むことができます。

アクセス方法はこちら！

▼

下記のQRコード、もしくは下記のアドレスからアクセスし、会員登録の上、案内されたパスワードを所定の欄に入力してください。
アクセスしたサイトでパスワードが認証されますと電子版を読むことができます。

https://ascom-inc.com/b/09362

※通信環境や機種によってアクセスに時間がかかる、
もしくはアクセスできない場合がございます。
※接続の際の通信費はお客様のご負担となります。